HELMUT UND HANNELORE SCHMIDT

Jens Meyer-Odewald

EIN LEBEN

HELMUT UND HANNELORE SCHMIDT

Hamburger Abendblatt edition

Inhalt

Ein Fußweg durch Hamburg, der die Welt bedeutet

Die Welt kann klein sein – und doch so groß. Zwölf Kilometer sind es zu Fuß von der Finkenau im Süden Barmbeks bis zum Neubergerweg in Langenhorn. Der Weg mitten durch Hamburg führt nordwärts, entlang des Stadtparks und der Alsterkrugchaussee vorbei an brausendem Verkehr, aber auch an lauschigen Kleingärten und viel Grün. Ein Kontrast folgt dem nächsten. Wie im Leben.

Wahrscheinlich ist Helmut Schmidt diese Strecke nie gegangen, warum sollte er auch. Dennoch handelt es sich um die Pole eines einmaligen Werdegangs, eines Daseins zwischen ungemein bitteren Momenten und grandiosen Erlebnissen, von denen andere nur träumen können. Der Mann mit der Mütze und früher gewiss auch der »Schnauze« machte große Politik: überall auf der Erde, in Europa, in Deutschland, ganz speziell in Langenhorn. Denn die Heimat, nicht nur im Herzen, war stets die Hansestadt Hamburg. Sein Hamburg. Von der Geburt an im Dezember 1918 im Krankenhaus an der Finkenau 35 bis zum heutigen Tag mit dem vertrauten Refugium in Langenhorn. Mehr als 92 Jahre liegen zwischen diesen Stationen, zwei Weltkriege, Jahrzehnte

Die Hamburger Straße in den 30er-Jahren des vergangenen Jahrhunderts.

des Kalten Krieges, eine beispiellose politische Karriere, aber auch eine große Liebe, die im Herbst 2010 durch den Tod Loki Schmidts ein irdisches Ende fand.

Ziel dieses Buches ist es, beider Wurzeln zu schildern und die entscheidenden Eckpfeiler aufzuzeigen – mit Betonung auf Hamburg. Es kommt auf interessante Aspekte an, nicht auf eine chronologisch umfassende Biografie – davon gibt es mehrere ausgezeichnete. Dies ist ein Buch aus Hamburg über zwei Hamburger und die Liebe zu ihrer Heimatstadt.

Dabei geholfen haben nicht nur persönliche Gespräche mit Helmut Schmidt, sondern auch Kontakte zu mehr als zwei Dutzend Zeitzeugen in aller Welt. Dazu zählen sämtliche noch lebenden Bürgermeister Hamburgs, aber auch private Freunde der Schmidts wie der frühere US-Außenminister Henry Kissinger oder der ehemalige französische Staatspräsident Valéry Giscard d'Estaing. Besuche bei namhaften Journalisten wie Reinhold Beckmann, Giovanni di Lorenzo oder Theo Sommer ergaben neue Facetten eines faszinierenden Paares, das an der Spitze war, jedoch niemals die Nase oben trug. Auch Treffen mit Schulfreundinnen Loki Schmidts und befreundeten Botanikern, mit der sie die Liebe zur Natur verband, halfen beim Blick hinter die Kulissen einer Frau, die aus ärmsten, aber behüteten Verhältnissen stammt – und später mit dem Kaiser von Japan dinierte oder Mao Tse-tung die Hand schüttelte. Bisher nicht veröffentlichte Fotos und Briefe runden diesen Spagat über fast ein Jahrhundert ab.

Jeder einzelne Termin nährte die Gewissheit, dass es sich bei Loki und Helmut Schmidt nicht nur um Persönlichkeiten besonderer Klasse handelt, sondern in allererster Linie um Menschen mit Charakter, Herzblut, Ecken und Kanten. Diese höchst seltene Kombination birgt einen Charme, der reizvoller nicht sein kann. Beide hatten allzeit festen Boden unter den Füßen – am liebsten in ihrer Heimatstadt. Oder am Brahmsee in Holstein.

Unter dem Strich ergibt sich ein spannendes Bild Hamburger und deutscher Geschichte, aber auch Eindrücke des Alltags in längst vergessenen Zeiten sowie eine Vorstellung hanseatischer Lebensart. Zwölf Kilometer zwischen Geburtsort und Alterssitz sind eigentlich nicht viel für die Spanne zweier einmaliger Leben, aber irgendwie ist es doch viel mehr. Sehr viel mehr.

1

1918–1929

In Barmbek kommt Helmut, in Hammerbrook Hannelore zur Welt. Die Zeiten sind rau, dennoch wachsen die Deern und der Buttje in herzlichen und behüteten Verhältnissen auf. Die beiden trennen zehn Wochen, wenige Kilometer – und doch Welten.

Hier kam Helmut Schmidt zur Welt: Klinik Finkenau.

An der Hufnerstraße befand sich die
Wohnung des Großvaters von Helmut Schmidt.

1918

1929

Es ist der Tag vor Weihnachten 1918, doch nicht allen Hamburgern ist zum Feiern zumute. Der Erste Weltkrieg hat die Hansestadt ausgeblutet, nicht nur wirtschaftlich; die Kapitulation ist gerade erst sieben Wochen her. Die Menschen versuchen zaghaft, wieder Fuß zu fassen. Vom Dach des Alsterpavillons haben Rotgardisten das Hotel Vier Jahreszeiten am Neuen Jungfernstieg unter Beschuss genommen, und im Rathaus hat ein provisorischer Arbeiter- und Soldatenrat das Regiment inne. Viele hungern und haben nicht den Hauch einer Ahnung, was die Zukunft bringen wird. Niemand rechnet damit, dass der Gründung der Weimarer Republik zwei Monate später und den nur für wenige Goldenen Zwanzigern das deutsche Desaster des Jahrtausends folgen wird.

An diesem Tag vor dem Heiligen Abend anno 1918, es ist ein Montag, kommt im Süden Barmbeks ein Junge mit dem Namen Helmut Heinrich Waldemar zur Welt. Die Frauenklinik an der Finkenau 35, von älteren Hanseaten auch Jahrzehnte später noch »Institut für Geburtshilfe« genannt, ist vier Jahre zuvor eingeweiht worden. Das Eingangsportal mit den vier Säulen, den hohen Türen, dem für Hamburg typischen Rotklinker und der Grünanlage wurde vom Architekten und Stadtplaner Fritz Schumacher entworfen, der auch an anderen Stellen Hamburgs Ansehnliches schafft. Mehr als 250 000 Babys gaben in dem Gebäude ihren ersten Schrei von sich, bevor es 1979 Bestandteil des Krankenhauses St. Georg und später verkauft wurde. Heute residiert an der Finkenau 35 die Hamburg Media School.

Dem im Wendekreis des Steinbocks geborenen Helmut Heinrich Waldemar ergeht es besser als vielen Gleichaltrigen in der Stadt: Zwar kann in seinem Elternhaus von Wohlstand keine Rede sein, doch gibt es keine existenzielle Not – anders als im Elternhaus der kleinen Hannelore Glaser ein paar Kilometer entfernt in Hammerbrook. Helmuts Mutter Ludovica und Vater Gustav können ihren Erstgeborenen in bürgerlichen Verhältnissen aufwachsen lassen. Das erste Foto des jungen Hanseaten zeigt einen wonnigen Sprössling mit Pausbäckchen, nackten Füßen und einem weißen Kleidchen mit Rüschen. Alles sauber und ordentlich, behütet und umsorgt. Dass in damaliger Zeit dennoch ein Geheimnis wie ein Damoklesschwert über dem Vater schwebt, sollten Helmut und sein gut zwei Jahre jüngerer Bruder Wolfgang, ein 2006 verstorbener Pädagoge, erst Jahre später erfahren. Und dass es Hamburger in weit schlechteren Umständen gibt, wird der junge Helmut erst so richtig bei einem Besuch seiner Schulfreundin Loki in deren elterlicher Wohnung ein paar Jahre später bemerken.

Äußerlich ist um 1920 alles in Ordnung im Hause Schmidt an der Richardstraße 65 zu Barmbek. Mutter Ludovica, eine geborene Koch, ist eine hingebungsvolle Frau, die alles für ihre beiden Söhne tut, vortrefflich kocht und ein intaktes Familienumfeld in unruhigen Zeiten beschert. Ein Teil der Vorfahren stammt aus dem Rheinhessischen, und es gehört zum guten Ton, mit Inbrunst den schönen Künsten zu huldigen. Zudem entspricht sie den Sitten seinerzeit, indem sie die Autorität des Hausherrn keinesfalls in Zweifel zieht. Wenn die Buttjes vom Spiel auf der Straße mit lädierter Kleidung oder blutigen Knien nach Hause kommen und es dafür vom Vater Ohrfeigen setzt, leidet Ludovica still, schweigt jedoch. Gustav Schmidt führt ein strenges Regiment, bestrebt vom Ziel, seine Söhne für das Leben zu stählen. Auch im Winter,

Oben: Früh übt sich: Helmut Schmidt (r.) 1928.

Unten: Helmut (l.) und Bruder Wolfgang im Winter 1923.

früher nicht unüblich, müssen die beiden kurze Hosen tragen. Und: Ein Hamburger Junge weint nicht!

Der Vater ist keinesfalls ein Tyrann, sondern ein wohlmeinendes, strenges Familienoberhaupt, das sich hochgearbeitet und es aus dem Hafenarbeitermilieu seines Vaters zu Ansehnlichem gebracht hat. Von der Ausbildung her Anwaltsgehilfe, schulte Gustav Schmidt zum Pädagogen um. Der Erste Weltkrieg kam dazwischen, doch wurde der junge Soldat zum Glück im Unglück früh an der Front verwundet. Nach der Genesung wurde er in den relativ ruhigen Garnisonsstandort Schleswig versetzt. Über ein Abendstudium bildete er sich zum Handelsschullehrer weiter, gefolgt von den Stationen Studienrat und Direktor.

Das Auskommen stimmt also, und bei den vier Schmidts in Barmbek kommt ausreichend auf den Tisch. Nichts Üppiges, aber es reicht. Verkürztes Motto: Wer immer nur Braten isst, Geselchtes und Kaldaunen, der weiß ja nicht, wann Sonntag ist, der kennt nur schlechte Launen.

Dass es zum Geburtstag unmittelbar vor dem Weihnachtsfest immer nur ein kleines Geschenk gibt, begreift der kleine Helmut rasch als Vorteil. Damit nicht alle Feiern verschmelzen, werden beide Kindergeburtstage im Sommer abgehalten. Während Wolfgang tatsächlich im Juni zur Welt kam und passgenau feierte, durfte Helmut zweimal profitieren – einmal ein bisschen, das andere Mal ein bisschen mehr. Denn nicht alle Verwandten hielten sich an die Geburtstagsordnung der Schmidts und beschenkten Helmut auch am 23. Dezember.

1925 kommt Helmut Schmidt in die Volksschule an der Wallstraße. Die Einschulung ist ein wichtiger Tag, natürlich mit Schultüte und allem, was hinein- und dazugehört. Der Buttje

1918

1929

Die Welt gehört mir! Helmut Schmidt als Buttje.

Auch im Winter, früher nicht unüblich, müssen die beiden kurze Hosen tragen. Und: Ein Hamburger Junge weint nicht!

Ludovica und Gustav Schmidt mit ihren Söhnen Helmut (l.) und Wolfgang im Jahr 1924.

zeigt sich als intelligenter und interessierter, indes nicht als allzu fleißiger Pennäler. Wenn die Burschen über die Stränge schlagen, ist Helmut mittenmang. Er spielt Verstecken, Räuber und Gendarm oder kickt mit dem Ball. Im Vergleich zur heutigen Zeit ist nichts los auf den Straßen. Ein Paradies. Das Größte für Helmut ist ein Blockwagen, ein hölzernes Gefährt mit einer kleinen Deichsel, der auch die Nachbarskinder fasziniert. Rückblickend, so erinnert sich Helmut Schmidt, ist es eine glückliche Kindheit. Sorgsam abgeschirmt vor dem politischen Chaos der Weimarer Republik und dem sich androhenden Unheil. Wenn sich die Erwachsenen über gesellschaftliche Probleme oder Politik unterhalten, müssen die Kleinen den Raum verlassen. Gängige Praxis seinerzeit in deutschen Landen. Fernsehen gibt es nicht, Radio kaum, und Zeitungen sind nichts für Kinder. Meinte Gustav Schmidt.

20 Pfennig Taschengeld erhält der kleine Helmut. Monatlich. Dennoch schafft es der spätere Finanzminister, ein bisschen anzusparen. Einmal im Jahr geht's raus aus dem vertrauten und für Helmut und Wolfgang intakten Barmbek. Ab in die »Stadt«, in die große weite Welt. Dann fährt Vater Gustav mit den beiden Söhnen mit der Straßenbahn, der Tram, zum Dom auf dem Heiligengeistfeld. Dann werden 20 Pfennig extra für die beiden spendiert und genüsslich in Zuckerstangen oder Bonsche umgesetzt. Als Krönung des Bummels durch eine zauberhafte Welt stehen Karussellfahrten auf dem Programm.

Auch der Sonntag bringt Spannung. Nach der Mittagsruhe, das ist ein festes Ritual, pflegen Gustav, Ludovica, Helmut und Wolfgang Schmidt zum Besuch bei Gustavs Vater aufzubrechen. Zu Fuß geht's von der Richard- in die Hufnerstraße. Dort hausen Helmuts Großeltern in einfachsten Verhältnissen. Dicht an dicht mit den Nachbarn wohnen beide in einer Kate, einem Verschlag ohne fließend Wasser und Toilette. Vier Familien teilen sich ein Plumpsklosett, das sich hinter den Buden befindet. Trotz ärmlicher Verhältnisse ist der Opa ein Organisationstalent.

Er malocht als unständiger Stauer, mithin als eine Art Gelegenheitsarbeiter, im Freihafen. Geld wird nur bezahlt, wenn es Arbeit gibt. Dann jedoch wird in die Hände gespuckt und kräftig angepackt. Dabei, so lernen die Kinder früh, »fällt manchmal ein bisschen Ware hinunter«. Wenn die Ladung nicht korrekt am Kranhaken befestigt ist oder einer der Männer ungeschickt hantiert. Die Vorgesetzten sehen über solche Kleinigkeiten hinweg. Gilt es doch, die für kargen Lohn knüppelhart malochenden Arbeiter bei Laune zu halten. Mit der für die Familie angenehmen

Brüderliches Glück am Elbstrand 1931.

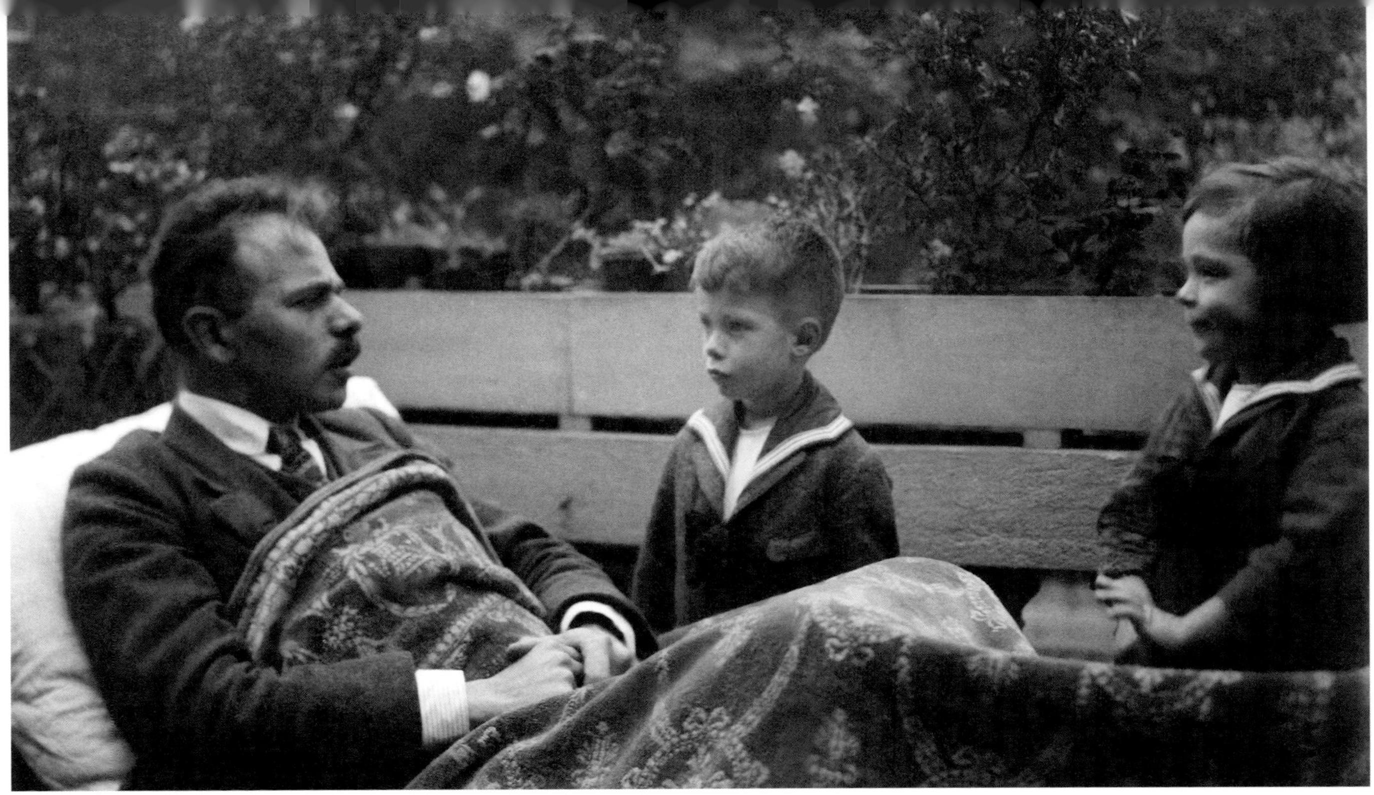

Wenn der Vater mit den Söhnen ... (1924)

Folge, dass Großvadder Schmidt bisweilen mit prall gefüllter Tüte heimwärts geht. In diesem »Zampelbüddel« befinden sich mitunter Schätze wie Bier, Dauerwurst und sogar Apfelsinen.

Helmut mag sie gern, diese sonntäglichen Familienausflüge. »Mein Großvater sprach meist Platt«, berichtet er, »und schreiben konnte er ganz gewiss nicht.« Die Erwachsenen trinken Kaffeeersatz, futtern Butter- oder Streuselkuchen und halten Klönschnack. Wobei sich die Frauen dem damaligen Usus gemäß heraushalten, wenn es um Ernsthaftes geht. In politischen Belangen empfiehlt es sich für die Damenwelt, gar keine Meinung zu haben. So weit, so schlecht.

Derweil tollen Helmut und Wolfgang mit den Deerns und Buttjes vor der Tür. Denn was die Älteren zu bereden haben, ist für Kinderohren nicht bestimmt. Nicht selten dreht es sich dabei um jenes bereits erwähnte Geheimnis, das Gustav Schmidt enorme Sorgen bereitet und ihn später zum gebrochenen Mann macht. Den Grund soll Helmut erst nach 1933, nach Hitlers Machtübernahme, erfahren.

Manchmal gibt es ein Kontrastprogramm: Besuche bei den Großeltern mütterlicherseits, der Familie Koch. Opa Heinrich ist das Gegenteil des rauen, indes außerordentlich herzlichen Hafenarbeiters aus der Kate an der Hufnerstraße. Heinrich Koch, eine gestandene Persönlichkeit mit weißem Bart und autoritärem Verhalten besonders Kindern gegenüber, hat es geschafft. Zumindest wirtschaftlich. Der Mann ist, wie man seinerzeit respektvoll sagt, »Arbeiter-Aristokrat«. Opa Heinrich verfügt als Drucker und Setzer beim »Hamburger Correspondent« über ein regelmäßiges und ordentliches Einkommen. Parallel betreibt er gemeinsam mit seiner Frau und Verwandten einen kleinen Weißwarenladen an der Mundsburg. Heinrich Koch gilt etwas. Nicht nur in Barmbek basch.

Vor allem verfügt der politisch liberal denkende Hanseat über erstklassige Kontakte und ein, wie man heute sagt, gutes Netzwerk. Friedrich Naumann, den Vorsitzenden der Deutschen Demokratischen Partei, kennt er höchstpersönlich, und nicht wenige suchen seinen Rat und seine Beziehungen. Mit den immer stärker aufkommenden Nationalsozialisten hat Heinrich Koch nichts am Hute. Da er 1932 stirbt, wusste er nichts vom Anfang vom Ende. Geahnt haben wird er es.

Familientour im Rodenbeker Quellental.

3

1918

1929

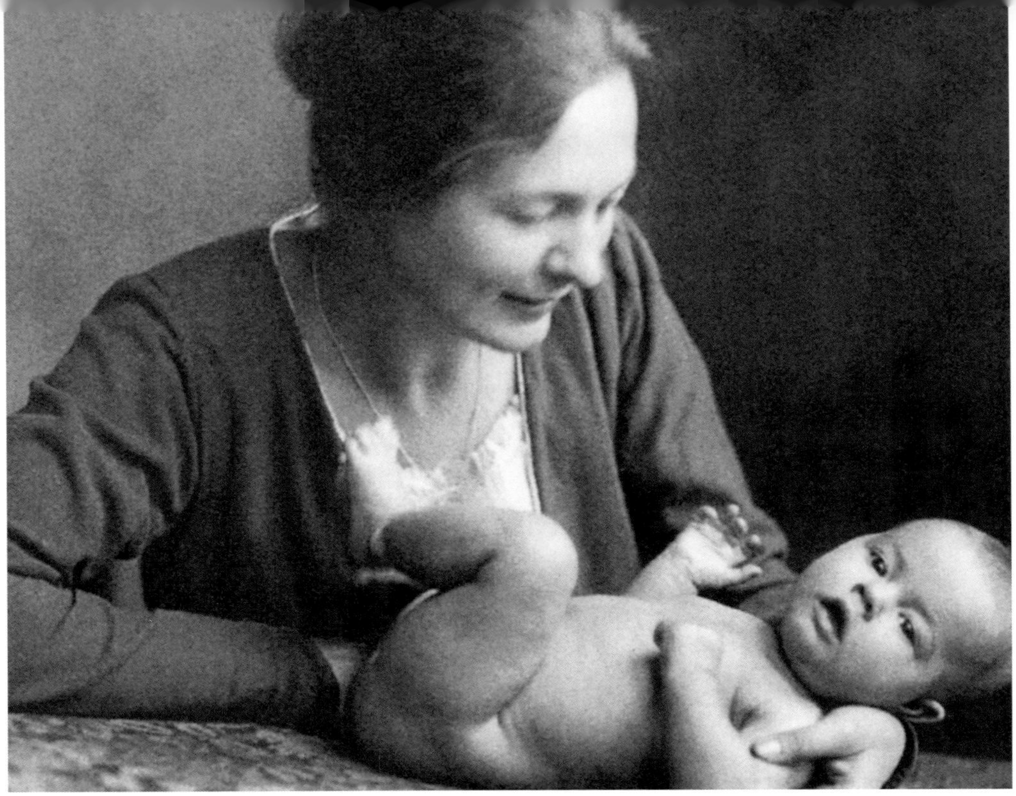

Mutterglück mit Hannelore.

Geburt von Hannelore 1920

Während in Barmbek Helmut Schmidt von der Mutter gestillt wird und zehn Wochen alt ist, kommt am 3. März 1920 wenige Kilometer entfernt in der Schleusenstraße zu Hammerbrook ein Mädchen namens Hannelore zur Welt. Ihre Eltern, Gertrud und Hermann Glaser, haben keine eigene Wohnung, sodass Hannelore in den Zimmern der Großeltern aufwächst. Mit bis zu zwölf Personen auf wenigen Quadratmetern unter heutzutage unvorstellbaren Bedingungen. Dennoch sind die Glasers von ihrem jungen, zweibeinigen Glück ebenso erfüllt und beseelt wie das Ehepaar Schmidt quasi um die Ecke.

Rührend sind auch die Glasers bemüht, ihrer Tochter trotz großer Armut einen behüteten Lebensstart zu ermöglichen. Mit Erfolg. Denn wann immer sich Hannelore später über ihre Kindheit äußert, spricht sie von immenser Dankbarkeit und wunderschönen Erinnerungen an geborgene Zeiten. Dass sie in selbst für das frühe 20. Jahrhundert einfachsten Verhältnissen aufwächst, fällt Hannelore Glaser nicht auf. Sie kennt es ja nicht anders.

Eine Situation bleibt ihr bis zum Tod im Oktober 2010 haften. Es ist ein besonderer Tag wohl im Jahr 1923, und es ist aufregend wie am Heiligen Abend. Hibbelig und mit geröteten Wangen warten Hannelore, Christoph und Linde auf dem dunklen Flur, bis sie endlich die Tür zum Kinderschlafzimmer öffnen dürfen: Da sitzt doch tatsächlich ein Pfefferfresser inmitten eines Urwalds. Ganz schön groß, bunt gefiedert, mit prächtigem Schnabel in Schwarz und Dunkelrot. Der Vater hat den Tukan an die Wand gemalt, um den Kindern Farbe in die finstere Wohnung in Borgfelde zu zaubern.

Und auf jedem der drei Bettchen liegt eine Banane. »Die hat euch der Pfefferfresser mitgebracht«, sag Hermann Glaser. Hannelore, schon damals von allen ausschließlich Loki genannt, und ihre beiden jüngeren Geschwister glauben das, ein bisschen zumindest. Ist ihr Vater, hauptberuflich Elektriker, doch vor dem Ersten Weltkrieg mit der Marine nach Westafrika gefahren und weiß wundersame Dinge zu erzählen. Von schillernden Märkten, geheimnisvollen Ritualen. Der Pfefferfresser – und dann noch für jeden eine Banane (ohne teilen zu müssen!), das vergisst Loki Schmidt ihr Leben lang nicht: »Es war wie Weihnachten, Ostern und Silvester auf einmal.«

Auch andere Details aus der Dekade zwischen Erstem Weltkrieg, Weltwirtschaftskrise und der Hitlerzeit bleiben

Weltwirtschaftskrise und die Hitlerzeit bleiben allzeit präsent. Wie die 28 Quadratmeter große Wohnung in Borgfelde.

allzeit präsent. Wie die 28 Quadratmeter große Wohnung in Borgfelde. In einigen Quellen wird auch der Nachbarstadtteil Hamm angegeben, doch sprach Loki Schmidt selbst meist von Borgfelde. Daher bleibt es in diesem Buch dabei. Die winzigen Zimmer, das schwarz-grün gestreifte Sofa, das Bücherbord, wie alle Möbel selbst gezimmert. Die Nähmaschine am Fenster, der eiserne Bollerofen. Die Kaffeemühle aus Steingut, das dunkle Plumpsklo draußen auf dem Flur, die Gasfunzel. Strom? Fehlanzeige. Sonnabends war Badetag: Nacheinander steigen die drei Sprösslinge in den Zinkbottich. Was aus heutiger Sicht so bitter arm wirkt, ist damals ganz normal in den Arbeitervierteln. Die Eltern sind mit vollem Einsatz bemüht, ihre Kinder den alltäglichen Kampf wider die materielle Not so wenig wie möglich spüren zu lassen. Notfalls muss übertüncht werden. Wie im Fall des Pfefferfressers.

Eigene vier Wände, wenn auch auf kleinstem Raum, sind für Loki und ihre Geschwister ein Traum, der erst spät realisiert werden kann. Die Wohnung der Großeltern an der Schleusenstraße in Hammerbrook, in der Loki das Licht der Welt erblickt, ist anfangs ihr kleines, turbulentes Reich. In dieser Wohnung leben Lokis Großeltern gemeinsam mit ihren vier Töchtern und deren Anhang. Einen Tag vor Lokis Geburt beziehen Gertrud und Hermann Glaser zwei der sechs Zimmer und richten sich den Umständen entsprechend ein. Die Hebamme, eine ebenso erfahrene wie gutmütige Frau namens Backhaus, unterstützt die junge Familie nach Kräften. Frau Backhaus ist auch zur Stelle, als Lokis jüngere Geschwister Christoph im Jahr darauf und die kleine Linde 1922 entbunden werden. Rose wird erst sieben Jahre später als Nesthäkchen geboren.

Die Wohnung der Großeltern am Hafen ist typisch für Arbeiterfamilien vor einem Jahrhundert. Gründerzeithaus mit vier Stockwerken in hochwassergefährdetem Gebiet. Mit einer Kanone wird vor der Flut gewarnt. An der Straße steht kein Baum; dafür herrscht reges Treiben mit Schwarzhändlern und fliegenden Hökern. Hartes Leben für die Erwachsenen, ein Traum für Kinder. Als auch die Schwestern der Mutter Gertrud heiraten und weitere Kinder ins Haus stehen, wird die mit mehr als zwölf Personen belegte Sechszimmerwohnung selbst für bescheidenste Ansprüche zu eng.

Umzug nach Borgfelde

Der Umzug Ende 1922 ist ein Fortschritt. Zu Fuß, von Hammerbrook in die Baustraße nach Borgfelde. Den Straßennamen gibt es dort heute nicht mehr. Indes weiß Helmut Schmidt, dass beider Elternhäuser im Krieg zerstört wurden. Die Habseligkeiten finden komplett auf einer Schott'schen Karre Platz, eine hölzerne Plattform mit drei Rädern und Deichsel. Die dreijährige Loki marschiert nebenher. Und hoch oben auf dem Gepäck thront Bruder Christoph – mit einer Laterne in der Hand. Als Warnung für andere Gefährte auf den in der Regel unbeleuchteten Straßen. Die neue, ob ihrer kargen Ausstattung vom Wohnungsamt nicht vermittelbare, Wohnung kostet 27 Mark im Monat, etwa ein Viertel des Monatsgehalts des Vaters Hermann. Die Glasers haben nicht das Glück und Geld, in eine der modernen Wohnungen in den Fritz-Schumacher-Bauten ziehen zu können, wie sie in diesen Jahren etwa in Dulsberg, der Jarre-

SMITTEL

Mindestens eine Kopflänge voraus: Loki mit ihren Spielkameraden an der Bürgerweide (1928).

stadt, auf der Veddel und in Langenhorn gebaut wurden. Mutter Gertrud, eine gelernte Schneiderin, verdient ein paar Groschen hinzu. 1923, ein Jahr nach dem Umzug der Glasers, kommt es zur Hyperinflation: Im Oktober kostet ein Pfund Brot in Hamburg 800 Millionen, die gleiche Menge Butter 20 Milliarden Mark.

Trotzdem schafft es die Familie Glaser irgendwie, wirtschaftlich über die Runden zu kommen. Es gibt einfaches, aber genug Essen. Mutter Gertrud macht aus der Not eine Tugend, besucht in der Volkshochschule Kurse über Ernährungslehre, setzt gezielt auf Gemüse und Milchprodukte. Fleisch kommt, wenn überhaupt, nur einmal in der Woche auf den Tisch. Doch wenn die Kinder Geburtstag haben, werden Wünsche erfüllt. »Mein Lieblingsessen, das höchste der Gefühle, waren Schneidebohnen in einer leichten Milchsoße mit viel Petersilie und ein kleines Stück Beefsteak«, schrieb Hannelore Schmidt in ihrem 2008 erschienenen Buch »Erzähl doch mal von früher«.

Umso erstaunlicher, dass der Existenzkampf Geld und Zeit für kulturelle Aktivitäten lässt. Zwei- bis dreimal in der Woche lernen die Eltern in der Volkshochschule. Themen sind Frühgeschichte, Architektur, französischer Im- und deutscher Expressionismus. Wie viele Arbeiter legen die Glasers allergrößten Wert auf die Bildung ihrer Kinder, um ihnen später ein besseres Leben zu ermöglichen. Dass Kultur zum Leben gehört, erfährt Hannelore schon von ihrer Großmutter. Die gelernte Köchin versteht es, Goethes »Faust« auswendig zu rezitieren. Gemeinsam mit ihrem Ehemann, einem Kontorboten, hat sie es geschafft, allen vier Töchtern zu einer anständigen Ausbildung zu verhelfen.

Diese Saat trägt Früchte. Mit Freuden und Freunden wird in der winzigen Glaser-Wohnung musiziert. Der Vater malt und

Die Erlebnisse während der Inflation in den 20er-Jahren des vorigen Jahrhunderts haben Loki tief beeindruckt. Sie hob Geldscheine wie diesen auf.

spielt Geige. Loki folgt seinem Beispiel. »Ihr seid die am besten gebildete Proletarierfamilie, die ich kenne«, stellt ein Freund fest. 1925, zeitgleich mit Helmut Schmidt in Barmbek, kommt Loki in die Reformschule Burgstraße 35. »So ein großer, weiß gestrichener Raum mit schönen Möbeln«, notiert sie eines späteren Tages. »Da standen weiße Stühle und Tische, alles wirkte einladend und freundlich. Für mich war es schlicht und ergreifend unglaublich.« Nicht die Behörde, sondern die Eltern hatten Hand angelegt.

Da es viele Kinder aus armen Familien in der ersten Klasse gab, bittet Lehrerin Anni Lenz die Eltern ausdrücklich darum, auf Schultüten ganz zu verzichten. Einige Mütter und Väter jedoch meinen es zu gut mit ihren kleinen Pennälern und erwarten diese vor dem Tor mit prall gefüllten, schön geschmückten Tüten. »Ich finde sie total kitschig«, sagt Hannelore zu ihrer Mutter, die mangels Masse mit leeren Händen erscheint – vielleicht auch, um die eigene Enttäuschung zu verbergen.

Das groß gewachsene Mädchen mit den schwarzen Haaren und den schon damals markanten Gesichtszügen versteht sich mit den Jungs besonders gut. Mit einem ganz besonders, dem körperlich eher kleinen Helmut. Doch das geschieht erst später, auf der Lichtwarkschule in Winterhude. Dorthin wechselt Hannelore 1929, im Alter von zehn Jahren. Zuvor haben sich die Eltern ausführlich mit verschiedenen pädagogischen Modellen beschäftigt und die Reformschule gewählt.

Als der Vater 1931 arbeitslos wird, baut er an der Seite anderer, ebenfalls arbeitloser Eltern eine Bühne in die Schulaula. Kultur und schöne Künste sollen nicht unter der Weltwirtschaftskrise leiden. 1932 haben 165 000 Menschen in Hamburg keinen Job. Bei 1,14 Millionen Einwohnern entspricht dies rund 15 Prozent der Gesamtbevölkerung. Loki beobachtet manchmal heimlich ihre Mutter, wie diese spätabends weinend am Küchentisch sitzt, ihren Kopf in den Händen begraben.

Nicht ein Pfennig ist in der Familienkasse. Probleme und Nöte türmen sich. Zumal die sechsköpfige Familie nach Roses Geburt 1929 in eine Neubausiedlung nach Horn ziehen und 77 Mark Miete zahlen muss. Vater Hermann übernimmt alle möglichen Nebenjobs, Mutter Gertrud näht bei wohlhabenden Familien. Dafür gibt es ein wenig Bargeld, meist fünf Mark am Tag, vor allem jedoch Lebensmittel als heiß begehrte Zugabe. Und abgetragene Kleidung; denn für neue Klamotten hatten die Glasers kein Geld. Den ersten Mantel ihres Lebens bekommt Loki zur Verlobung – von Helmut Schmidt.

»Vom Chaos spürten wir Kinder nicht allzu viel«, erinnerte sich Loki später. »Armut war normal.« Not lässt sich vielleicht leichter ertragen, wenn es – wie damals in Hamburg – den meisten nicht besser geht. Der materiellen Misere zum Trotz wahrt die Familie Glaser stets ihre Würde: Praktisch aus nichts wird eine Menge gemacht. Umso mehr wert sind Herzenswärme und familiärer Zusammenhalt.

Fraglos trug diese Erfahrung dazu bei, dass Loki niemals im Leben die Bodenhaftung verlor und allzeit offene Ohren auch für die vermeintlich Kleinen hatte. Ihr bescheidenes, positives Naturell trug ihr eine Sympathie ein, die andere Kanzlergattinnen (Entschuldigung; denn dieses Wort hasste Loki Schmidt wie die Pest!) niemals erreichten.

Winter 1923: Loki mit ihren
Geschwistern Christoph und Linde.

Hannelore 1922 schick zurechtgemacht im Fotostudio.

Das Glaser-Trio in der elterlichen Wohnung Baustraße (1928).

Jedes Mal ein Erlebnis: Großfamilie Glaser beim Ausflug in die Neugrabener Heide.

In diesem botanischen Lehrbuch unternahm Loki ihre ersten Schreibversuche.

Sommerausflüge nach Neugraben

Doch zurück in Hannelore Glasers Kindheit. In den Sommerferien fährt die Familie mit Tanten, Cousins und Cousinen auf das Parzellengrundstück der Großeltern bei Neugraben. Man muss sich das mal vorstellen: Lokis Eltern hatten das heute zu Hamburg zählende Areal zum Quadratmeterpreis von zwei Pfennig erworben. Ein bisschen trug auch Loki zum Kauf des Naturparadieses bei. Durch Aushilfsarbeiten in der Nachbarschaft verdiente das Mädchen manchmal fünf Pfennig oder gar einen Groschen. Diese Einnahmen wanderten ganz selbstverständlich in den meist leeren Familientopf. Die Frage nach Taschengeld stellte sich bei den Glasers gar nicht erst.

Es existiert ein herrliches Foto der Großfamilie, die sich mit einem Gespann auf den Weg macht. Hermann Glaser errichtet auf dem Grundstück in der Fischbeker Heide eine kleine Bretterbude – ohne Strom, Wasser und Toilette. Freunde helfen, und für die Kinder sind es aufregende Erlebnisse. Jeder Tag ist ein Abenteuer. Auch wenn es karger kaum geht.

Dennoch berichtet Loki Freunden später von herrlichen Zeiten in der Natur: gelbe Lupinienfelder, Buchweizen, Knöteriche, Birken und Kiefern, so weit das Auge reicht. An einem Wasserloch hinter einer Kiesgrube treibt Hannelore ihre ersten botanischen Studien. Sie sammelt Pflanzen, beobachtet das Wachstum, kann sich nicht sattsehen an den Wundern der Umgebung. Beseelt von 15 Bänden »Flora von Deutschland«, von den Eltern für wenig Geld in einem Antiquariat erstanden. Diese Buchreihe hält Loki Schmidt heilig – bis zu ihrem Tod. Darin enthalten sind auch Lokis erste Schreibversuche. Die Bücher stehen noch heute in einem Regal am Neubergerweg 80 – 82.

Reinhold Beckmann

Fernsehmoderator und Fußballkommentator

»Es ist beeindruckend, mit wie viel Souveränität und Menschlichkeit Loki Schmidt an der Seite ihres Mannes ein eigenständiges Leben führte – und ihm doch stets nahe geblieben ist.«

Gern brachte Reinhold Beckmann Loki Schmidt ihre geliebten Ingwerkekse mit, wenn er auf einen oder zwei Kaffee in Langenhorn vorbeischaute. Bisweilen auch führte er sie, ganz Kavalier alter Schule, zum Essen ins Hotel Vier Jahreszeiten aus. Immer seien die Gespräche zwischen beiden vertrauensvoll und inhaltsreich gewesen. Was die beiden Norddeutschen nicht daran hinderte, beim »Hamburger Du« zu bleiben: Loki und »Sie« – und umgekehrt. Beckmann bat die Schmidts mehrfach in seine Fernsehsendung, schrieb ein beachtenswertes Buch über Loki und drehte einen ganz besonderen Film. Man verstand sich eben, nicht nur mit Worten.

»Wir mochten uns von Beginn an.«

Im Gespräch mit Reinhold Beckmann

Es waren Zeiten, die heute unvorstellbar sind. Dass dieses Kapitel Hamburger Zeit- und Sittengeschichte im Falle der Familien Schmidt und Glaser nicht in Vergessenheit gerät, ist auch ein Verdienst des Journalisten und Fernsehmachers Reinhold Beckmann. In zahlreichen, ebenso feinfühlig wie geschickt geführten Gesprächen glückte ihm ein Meisterstück historischer Dokumentation, das auf große Worte verzichtet und deshalb besonders intensiv wirkt.

»Es ist beeindruckend, mit wie viel Souveränität und Menschlichkeit Loki Schmidt an der Seite ihres Mannes ein eigenständiges Leben führte und ihm doch stets nahe geblieben ist«, fasst Autor Beckmann seine Eindrücke zusammen. »Insgesamt ergibt sich das Lebensbild einer selbstbewussten, engagierten Frau, die vielen ein Vorbild war und ist.« Und die »Frankfurter Allgemeine« befand: »Außergewöhnliche Leistungen als selbstverständlich hinzustellen, das passt zu diesem Typus hanseatisch-preußischem Zuschnitts, der sich selbst nie allzu wichtig nimmt, dafür pflichtbewusst ist, hilfsbereit, unsentimental und gewiss nicht zimperlich.« Besser kann man den Status dieser Frau – auch posthum – nicht auf den Punkt bringen.

»Es waren sehr persönliche, zu Herzen gehende Unterhaltungen«, sagt Reinhold Beckmann bei einem langen Gespräch in seinem Büro am Straßenbahnring in Eppendorf. »Wir mochten uns von Beginn an.« Über dem braunen Ledersofa in seinem Büro hängt ein großformatiges, bestimmt einen Quadratmeter großes Foto mit historischem Bezug. Es zeigt Helmut Schmidt bei einer Konferenz für Sicherheit und Zusammenarbeit in Helsinki 1984. Der Kanzler der Bundesrepublik Deutschland beugt sich über den beide

Helmut Schmidts Großmutter führte
am Mundsburger Damm ein Ladengeschäft.

trennenden Gang des Tagungssaals, um mit Erich Honecker, dem Staats- und Parteichef der DDR, einige Worte zu wechseln. Hinter Honecker ist Politbüromitglied Günter Mittag, hinter Schmidt Außenminister Hans-Dietrich Genscher zu sehen. Helmut Schmidt hat dieses symbolträchtige Foto für Reinhold Beckmann signiert.

Das Band der Sympathie zwischen dem Journalisten und dem Ehepaar Schmidt beruht wahrscheinlich auch auf Beckmanns Gespür und intelligente Art, interessanten Themen ohne großes Brimborium auf den Grund gehen zu können. Viele Fragen in seinem Bestseller »Erzähl doch mal von früher« sind dezente Vorlagen, um Spannendes und Aufschlussreiches zu entlocken. Hinzu kommen Beckmanns norddeutsche Seele und sein Sinn für hanseatische Verhaltensweisen. Natürlich wurde in seinem Elternhaus in Twistringen in Niedersachsen Plattdeutsch gesprochen. Ein Grund mehr, sich zu verstehen.

Der Titel seines Buches übrigens stammt von Loki Schmidt: »Erzähl doch mal von früher.« »Schon als Drei- oder Vierjährige waren diese Erzählungen das Allerschönste«, sagte sie. »Darum lief ich hinter meinen Eltern oder meiner Großmutter her und zupfte am Schürzenzipfel, am Rocksaum oder Hosenbein.« Die Großmutter, wohlgemerkt eine Frau aus einfachen Verhältnissen, hatte abends bei Kerzenschein ihre Lesebegeisterung gestillt.

Mehrfach waren die Schmidts Ehrengäste in der ARD-Sendung »Beckmann«: Loki fünfmal, erstmals am 12. März 2001 und letztmals am 2. Juni 2008. Helmut Schmidt saß zwischen Dezember 2004 und Februar 2010 viermal vor den Kameras. Jedes Mal, und dies ist typisch für die beiden, hatten sie eine Menge Faszinierendes aus prall gefüllten Jahrzehnten zu berichten. Kein Wunder, dass sich ein Vertrauensverhältnis aufbaute, das auch auf zahlreichen privaten Treffen basierte. Eigentlich war gar kein Buch geplant; man wollte »nur so« ein wenig klönen. Bis eines Tages beiderseitig die Idee geboren wurde: »Komm, wir setzen uns mal hin!« Zwischen diesen Arbeitstreffen im Hause Schmidt in Langenhorn, die sich über viele Wochen hinzogen, gab es immer wieder rein private Begegnungen. Dann holte Reinhold Beckmann, ganz Kavalier alter Schule, seine Freundin Loki aus dem Haus am Neubergerweg ab und führte sie zum Essen aus – beispielsweise ins Hotel Vier Jahreszeiten am Neuen Jungfernstieg. Trotz aller Nähe blieben beide Seiten beim »Hamburger Du«: Loki und Reinhold und »Sie«.

Die Rendezvous für das Buch begannen in der Regel um elf Uhr am Vormittag und dauerten etwa zweieinhalb Stunden. Loki servierte in der Bibliothek Butterbrot (Vollkorn, na klar) mit klein geschnittenen Käsehäppchen. Zwischendurch, alles andere wäre ungewöhnlich gewesen, zündete sich die Hausherrin eine Zigarette nach der anderen an. »Ein leidenschaftliches Verhältnis zum Passivrauchen konnte nicht schaden«, bemerkt Beckmann in der ihm eigenen Art. »Im Hause Schmidt hängt der Himmel wie in alten, verqualmten Tagen noch voll mit blauem Dunst.« An einem solchen Ort hätte er es als feige und verweichlicht betrachtet, zum Lüften ans Fenster zu treten.

Manchmal gesellte sich Helmut Schmidt spontan hinzu – auf ein oder zwei Zigarettenlängen. Dann war die Luft zum Schneiden – und in doppelter Bedeutung gehaltvoll. »Er war dann sofort mitten im Gespräch«, erinnert sich Beckmann. »Dann war sie greifbar, die Vertrautheit einer Beziehung von mehr als achtzig Jahren.« Die beiden hätten sich schier kaputtlachen können, wenn schöne Gedanken rekapituliert wurden.

Loki Schmidt in der Fernsehsendung ihres Vertrauten Reinhold Beckmann (November 2007).

Besonders ergreifend empfand der Fragesteller Loki Schmidts Schilderungen über ihre Kindheitstage in ärmlichen Umständen sowie über den Tod ihres Sohnes während des Zweiten Weltkriegs, der weiter hinten in diesem Buch geschildert wird. Beckmann gingen solche Berichte an die Nieren, und immer öfter wurde aus einem einseitigen ein beidseitiges Gespräch. Dann gab auch der Fernsehmann sehr Privates preis. Zum Beispiel vom Schicksal seines Bruders, der ihm sehr verbunden war. In der bitteren Zeit vor dessen Tod wusste Loki Rat und Hilfe, typisch für diese Frau. Mehr an andere als an sich selbst zu denken war zeitlebens ihre Devise. Nach dem Vorbild ihrer Eltern Gertrud und Hermann Glaser, die das Wohl ihrer Kinder über alles stellten. Wie beschrieben.

Unter dem Strich ergab sich für Reinhold Beckmann ein einmaliges Bild des alltäglichen Hamburger Lebens vor bald einem Jahrhundert. Angereichert werden diese Eindrücke durch Unterhaltungen mit seinem 95 Jahre alten Vater daheim in Twistringen. Eines Tages nahm Beckmann sein Herz in die Hand: »Herr Schmidt, ich muss Ihnen mal was sagen.« Und dann erzählte der Jüngere dem Älteren von seinen Demonstrationen gegen Nato-Doppelbeschluss und Pershing-Raketen früher auf der Hofwiese in Bonn. Schmidts trockener Konter: »Herr Beckmann, jeder macht mal Fehler.« Diese Antwort ließ Spielraum für Interpretationen.

Ohnehin war Beckmann immer wieder überrascht vom sanften Verhalten des Kanzlers a. D. ihm gegenüber: »Bekanntlich konnte Helmut Schmidt auch unwirsch und bockig sein – mir gegenüber war er dies nie.« Immerhin stimmte Schmidt einem Film anlässlich seines 90. Geburtstag zu, der im Hotel Atlantic an der Außenalster gedreht wurde. Auch dort habe der Hanseat dieses typisch »Schmidt'sche Lachen« gezeigt, von einer gewissen Kindlichkeit geprägt. Der Autor dieser Zeilen kann diesem Eindruck nur zustimmen: Bei den Treffen zur Vorbereitung dieses Buches erlebte er Helmut Schmidt als warmherzige, ausgesprochen angenehme Persönlichkeit, die über eine höchst rare Tugend verfügt, die sich nicht kaufen lässt – Helmut Schmidt ist ganz anders als jene »Schmidt Schnauze«, die man von früher aus dem Fernsehen kennt. Dieser Mann hat ein hohes Maß an Charisma und Würde!

Zurück zu Beckmanns Gesprächen mit Loki Schmidt. Natürlich entging es ihm nicht, dass es Loki von Mal zu Mal schlechter ging. Es passt zu ihr, dass sie den Gang der Dinge mit Humor sah. So schildert Reinhold Beckmann eine kleine, indes aussagekräftige Begebenheit etwa zwei Jahre vor ihrem Tod. Das Gehen fiel ihr immer schwerer, und die Schmidts hatten sich am Neubergerweg einen Treppenlift einbauen lassen. Beckmann habe auf diese Neuerung beklommen reagiert. Dieses Unbehagen steigerte sich noch, als Loki auf einer Probefahrt ihres Gastes bestand. Letztlich absolvierte er diese »mit vollem Tempo«. Ergebnis: »Loki hat sich vor Lachen ausgeschüttet und konnte sich gar nicht mehr einkriegen.« Zu beider Stärkung servierte sie anschließend einen starken Kaffee. Beide griffen dann zu Lokis geliebten Ingwerkeksen, die Beckmann bisweilen mitzubringen pflegte. Und dann steckte sich die Gastgeberin eine Zigarette an …

Das letzte Treffen zwischen beiden Vertrauten, so berichtet Beckmann, fand Anfang September 2010 statt, wenige Wochen vor Loki Schmidts Tod am 21. Oktober. »Leider ging es der Guten nicht besser«, erinnert er sich, »und sie wirkte reichlich klapprig, aber gefasst und stolz.« Wie immer hatte sie sich sehr schick gemacht, meinte jedoch nach zwei Stunden: »Reinhold, seien Sie bitte nicht böse, aber ich kann nicht mehr!«

Loki (vorne in der Mitte) bei einem Familienfest (1928).

2

1929–1937

Wunderbare Jahre in der Lichtwarkschule in Winterhude – und der erste Kuss im Stadtpark.
Doch Deutschland steht vor dem Untergang. Helmut Schmidt erfährt ein dunkles Geheimnis und geht mit seinem halbjüdischem Vater Gustav extremes Risiko ein.

Hamburgs Stadtpark vor einem Dreivierteljahrhundert.

Helmut Schmidt (in der ersten Reihe Dritter von links) auf einem Klassenfoto von 1925.

»Insgesamt war ich recht faul«, bekennt er eines späteren Tages.

Das dunkle Geheimnis, das Helmut Schmidts Vater Gustav schlaflose Nächte bereitet, wird erst 1933 enthüllt, nach der Machtübernahme durch die Nationalsozialisten. Noch also kann der kleine Helmut lustvoll und unbeschwert durch das Leben toben. Was er auch ausgiebig macht. »Onkel Toms Hütte«, ein Sklavendrama aus den amerikanischen Südstaaten, zählt zu Helmuts Lieblingsbüchern. Ohnehin ist er eine Leseratte. Mit zehn Jahren entdeckt er die Öffentlichen Bücherhallen und leiht sich regelmäßig mehrere Bände aus. Eigentlich müssen diese erst nach drei Wochen zurückgebracht werden, doch hat er sie meist schon nach sieben Tagen durch.

Zwar drängen die Eltern auf eine solide Ausbildung, doch geht es in der Grundschule an der Wallstraße auf St. Georg harmlos zu: Das Lernen fällt dem Buttje mit den kurzen Hosen und dem schon früh ausgeprägten Faible für Mützen in den Schoß. Vorbei jedoch sind die strengen, nicht nur in Hamburg gültigen Sitten in der Grundschule. Es wird Wert auf gerade Sitzhaltung gelegt. Widerworte sind tabu, es regieren Ohrfeigen und Rohrstöcke. Geredet wird nur, wenn jemand gefragt wird. Wenn die Lehrkraft den Klassenraum betritt, ist Aufstehen Pflicht. Und natürlich müssen die Kinder nach der Pause in Reih und Glied zurück.

Der Spaß an der Schule allerdings ändert sich für Helmut auch beim Wechsel auf die Oberschule nicht. »Insgesamt war ich recht faul«, bekennt er eines späteren Tages. Ganz bewusst haben sich die Eltern für ein Reformmodell entschieden mit seinerzeit fast revolutionärem Charakter. Denn in der Lichtwarkschule, nicht zufällig nach dem vormaligen Kunsthallen-Direktor Alfred Lichtwark benannt, wird großer Wert auf schöne Künste gelegt. Für manchen Altvorderen äußerst dubios, dürfen Mädchen und Jungen zusammen und nicht strikt getrennt lernen. Zudem sind die Prügelstrafe und Noten im Zeugnis abgeschafft. Die Lichtwarkschule war am 19. April 1925 gegründet worden und der NSDAP von Anfang an ein Dorn im Auge.

»Wir wurden zum Denken erzogen«, erinnert sich Helmut Schmidt an sorglose Tage. »Es wurde großes Gewicht auf musische Fächer, Musik- und Kunsterziehung gelegt.« Dabei sei es weniger um Theorie, sondern um Praxis gegangen. So gibt es zwei Orchester und zwei Chöre. Auch Sport ist wichtig. Jedes Jahr wird eine Klassenreise unternommen. Parallel findet Kulturkundeunterricht statt, eine Kombination aus Deutsch und Geschichte. Ziele sind die Erziehung zu Toleranz und eigenständigem Denken. Das Individuum soll sich entwickeln, mit eigenen Vorstellungen und Ideen, sich aber dennoch dem Gemeinwesen anpassen. Dagegen werden Naturwissenschaften sowie Fremdsprechen eher vernachlässigt. Mit der Folge, dass Helmut und die anderen außer Englisch nur ein wenig Latein lernen.

Non scholae sed vitae discimus – wohl nirgendwo sonst in Hamburg wird dieses Prinzip derart virtuos umgesetzt wie in dem roten Backsteingebäude am Grasweg direkt am Stadtpark. Dort ist heute die Heinrich-Hertz-Schule zu Hause, eine Gesamtschule.

Helmut Schmidt genießt die relative Freiheit des Lernens, als er Ostern 1929 als Elfjähriger in die Sexta kommt; heute wäre das die fünfte Klasse. Vor allem freut er sich über das muntere Miteinander mit den Deerns Bank an Bank. Anfangs fällt dem Pennäler gar nicht so recht auf, dass es eine Mitschülerin namens Hannelore Glaser gibt, die von allen nur Loki genannt

Wer gibt wohl den Ton an? Helmut Schmidt (2. v. r.) und Loki (3. v. r.) neben Schulfreunden.

wird und über Größe verfügt – in jeder Beziehung. Sie überragt die Klassenkameraden in der Regel um mindestens einen Kopf, aber sie hat auch Mumm und einen starken Gerechtigkeitssinn. Wenn übermütige Jungs körperlich eher schwächere Mädchen allzu sehr drangsalieren, pflegt Loki leidenschaftlich dazwischenzugehen.

Nicht immer bleibt es nur bei Rangeleien. Wie besonders Hermann Paasch schmerzhaft zu spüren kriegt: Bei einer deftigen Prügelei mit Loki ziehen sich beide blutige Nasen zu, doch schafft es Hannelore, den Rabauken zu besiegen. Nach drei oder vier ähnlichen Klarstellungen mittels schlagkräftiger Argumente sind die Fronten in der Sexta geklärt. Wer Mädchen ärgert oder mit Gewalt Schwächeren zu Leibe rückt, so der Lehrsatz außerhalb des Unterrichts, bekommt es mit Hannelore Glaser zu tun. In Anspielung auf den Hamburger Boxmeister erhält sie den Spitznamen »Schmeling«. Das ist wie ein Ritterschlag.

Helmut wird »Schmiddel« genannt. Anfangs einer der Kleinsten in der Klasse, wächst er im Laufe der Zeit. Unabhängig davon muss er in späteren Jahrgängen für manchen Mitschüler so eine Art Chef gewesen sein. Er selbst will davon wenig wissen, doch erinnern sich die Schulfreunde von einst sehr wohl daran. Die drei großen »K« sind manchem haften geblieben: Kodderschnauze, Klassenprimus, Kumpel. Wenn irgendwo Blödsinn verzapft oder heimlich auf der Toilette geraucht wird, steckte nicht selten »Schmiddel« dahinter. Ein anderer vergisst seine Hausaufgaben und wird von Helmut, wohlgemerkt nicht vom Lehrer, zum Papieraufsammeln auf dem Schulhof verdonnert. Das Erstaunliche: Der Junge gehorcht.

»Helmut war selbstbewusst und äußerst redegewandt«, wusste Chemielehrer Dr. Helmut Hein später zu berichten. Zustimmung kam von Helmut Pless. Der spätere Chefredakteur der Lüneburger »Landeszeitung« saß jahrelang neben Helmut auf der Schulbank und beschrieb den späteren Bundeskanzler als kameradschaftlichen Typ, der für jeden Spaß zu haben war, allerdings allergisch auf Dummschwätzer und Duckmäuser reagierte. »Schnackfäss« nennen sie ihn ob seiner Eloquenz und seines Wortwitzes. Sieh an!

Die acht Oberschuljahre zwischen 1929 und 1937 vergehen wie im Fluge. Und im Laufe der Zeit fällt ihm das Mädchen mit den dunklen Haaren, den markanten Gesichtszügen, dem unbeugsamem Charakter, dem Gerechtigkeitssinn und der bodenständigen Lebenseinstellung namens Loki immer mehr auf.

Schon zu seinem elften Geburtstag lädt er sie ein. Keine Selbstverständlichkeit, halten es Jungs in diesem Alter doch für unter ihrer Würde, mit Mädchen zu spielen. Damals wie heute. Dieser Geburtstag, wir erinnern uns, wird erst so richtig im Sommer parallel mit Bruder Wolfgang gefeiert, also rund ein halbes Jahr nach Helmuts eigentlichem Wiegenfest am 23. Dezember. Dass diese Feier eine ganz besondere ist mit enormen Auswirkungen auf das gesamte Leben, ahnen Loki und Helmut zu diesem Zeitpunkt natürlich nicht.

Es ist ein herrlicher Sommertag bei den Schmidts in der Richardstraße. Loki weiß die Ehre durchaus zu schätzen, zwischen den Jungs zu sitzen. Ludovica Schmidt organsiert Topfschlagen, Blindekuh sowie die »Reise nach Jerusalem« (diese wird Helmut Schmidt später mit ganz anderer Bedeutung nicht nur einmal unternehmen!). Es gibt Kaffee und Kuchen; denn die Schmidts leiden keinen Mangel. Anschließend stellt die Hausfrau eine große Schüssel mit Kirschen aus dem Alten Land auf den Tisch. Spontan entwickelt sich ein Wettessen. Am Ende siegt Loki, sie hat die meisten Kerne auf dem Teller.

Nach einem fidelen Nachmittag verabschieden sich die Kinder frohen Herzens. Bei aller Betriebsamkeit und Aufregung lässt Loki ihre Mütze in Helmuts Wohnung liegen. Wahrscheinlich sind gerade Ferien, sodass sich die beiden am nächsten Tag nicht in der Lichtwarkschule sehen. Folglich bittet Ludovica Schmidt ihren Sohn, Loki das gute Stück nach Hause zu bringen. Leichter gesagt als getan; denn von der Richardstraße in Barmbek zur Baustraße nach Borgfelde ist es ein strammer Fußmarsch von fast einer Stunde. Helmut gehorcht, stapft los, geht über die Wandsbeker Chaussee, passiert die Terrinenstraße, überkreuzt an der Landwehr die S-Bahn-Gleise. Am Ziel überreicht er der verdutzten Loki die Baskenmütze.

Konfirmation im März 1934: Familie Schmidt vor der Kirche St. Gertrud.

Stopp und Atem geholt. Denn aus zwei Gründen ist dieser Fußweg im Sommer 1929 ein einschneidendes Ereignis. Für beide.

Zum einen kamen sich Loki und Helmut näher, im wahrsten Sinn des Wortes. Ob es der Schlüsselmoment für eine innige Beziehung oder gar der Startschuss einer großen Liebe ist, weiß niemand. Auf jeden Fall ist dieser Augenblick den beiden derart intensiv im Gedächtnis haften geblieben, dass sie immer wieder darauf zu sprechen kamen. Zumal Helmut Schmidt ohnehin der Meinung ist, dass älteren Menschen Erlebnisse aus der Kindheit stärker präsent sind als Augenblicke aus jüngerer Vergangenheit. Wir wollen das an dieser Stelle so stehen lassen …

Grund zwei für die tragende Bedeutung dieser Begebenheit sind die Lebensverhältnisse der Familie Glaser. Sie wohnen in einer winzigen Zweizimmerwohnung in einem finsteren Hinterhof ohne Strom und Toilette. Beleuchtet wird, wenn überhaupt, mit Gas. Was dazu führt, dass die von Lokis Vater gelegentlich vom Großmarkt mitgebrachten Blumen schon nach zwei Tagen die Köpfe hängen lassen. Weil Gas ausströmt. Zu allem Überfluss ist es in den beiden kleinen Zimmern auch tagsüber dunkel, weil kaum Licht durch die Fenster fällt. Die nächste Hausmauer ist maximal vier Meter entfernt. Details der Wohnung, die trotz widriger Umstände liebevoll eingerichtet ist, sind in Kapitel eins ausführlich beschrieben.

Der elfjährige Helmut, in bürgerlichem Umfeld aufgewachsen, ist zutiefst schockiert, lässt sich dies indes natürlich nicht anmerken. »Ich hätte nicht gedacht, dass Menschen in Hamburg so einfach leben«, gibt er später zu Protokoll. Und zum ersten Mal bemerkt er an sich einen Wesenszug, den er schon damals mit Loki gemein hat: Gerechtigkeitssinn. »In meinem Inneren

Früher Lichtwark-, heute Heinrich-Hertz-Schule (1957).

regte sich Widerspruch.« Ganz zart keimt der Wunsch, dass man daran etwas ändern müsse. Daraus wurde später ein Wille. Dabei hat Helmut eigentlich gar nicht vor, in die Politik zu gehen. Malerei, Architektur und Geschichte sind seine Steckenpferde. Mit fortschreitendem Alter wächst in ihm die Vorstellung, Städtebauer und Planer zu werden.

Auch wenn Armut und Arbeitslosigkeit des Vaters Hermann Glaser Sorgen bereiten, kümmern sich die Eltern rührend um Loki und ihre Geschwister. Es zeugt von Mumm und Vertrauen in die Zukunft, dass, trotz widriger wirtschaftlicher und politischer Lage, 1929 das vierte Kind zur Welt kommt: Zu der jetzt zehnjährigen Loki, dem ein Jahr jüngeren Christoph und der sieben Jahre alten Linde stößt die kleine Rose. Wohlgemerkt: Es herrscht die Weltwirtschaftskrise. Da 28 Quadratmeter für sechs Personen nun wirklich absolut untragbar sind, nehmen die Glasers einen weiteren Wohnungswechsel vor: Erneut mit Leiterwagen, Sack und Pack geht es in eine Wohnsiedlung in Horn.

Im Gegensatz zum letzten Mal kann der Umzug diesmal tagsüber erfolgen. Damals standen die helfenden Freunde noch in Lohn und Brot; jetzt sind viele arbeitslos oder nur stundenweise beschäftigt. Was übrigens auch dazu führt, dass die Eltern ausreichend Zeit haben, in der Lichtwarkschule Hand anzulegen. So wie vorher auch in der Grundschule.

Durch den Stadtpark zur Schule

Für Loki ergibt sich nun ein weiterer Weg zum Unterricht, den sie nach wie vor mit Begeisterung besucht. Sieben Kilometer Luftlinie sind es vom neuen Zuhause zur Lichtwarkschule am Grasweg. Die Strecke führt durch verlassene Schrebergärten in Horn, die wegen des Baus der mehrspurigen Sievekingsallee aufgegeben werden mussten, zum Bahnhof Hasselbrook. Dort pflegt Loki in die Vorortbahn zu steigen und bis zur Haltestelle Alte Wöhr zu fahren. Es folgt der schönste Teil des Weges, die Passage des Stadtparks, morgens früh fast immer in Eile zurückgelegt.

Meist an der Seite ihrer Freundin Gesine, Spitzname Gesa, marschiert sie am See vorbei, an der Grüninsel, genießt den Blick auf den Wasserturm, passiert die beiden Muschelkalk-Skulpturen des Künstlers Georg Kolbe. »Handelt es sich um Badende oder um Windbräute?«, fragt sie sich immer wieder. Gespendet worden sind diese Kunstwerke von der gebürtigen Hamburgerin Emma Budge gut drei Jahre zuvor. Die Hanseatin war in die USA ausgewandert und hatte den Bankier Henry Budge geheiratet. Sie war steinreich und eine Freundin der Kultur. Ihre Villa in Harvestehude wurde von den Nazis später ebenso zwangsweise in Besitz genommen wie zahlreiche Kunstschätze von unermesslichem Wert. Darunter befand sich auch ein riesiger flämischer Gobelin, der später von der Familie Haerlin gekauft und im Restaurant des Hotels Vier Jahreszeiten aufgehängt wurde. Als das Hotel im Januar 2010 von der Herkunft des Wandteppichs erfuhr, übergab es diesen umgehend und ohne Gegenleistung an die Erben Emma Budges. Doch dies nur am Rande.

Vom drohenden Unheil und den ungeheuren Verbrechen an den Juden auch in Hamburg ahnt Loki nichts in diesen trotz Armut glücklichen Kindertagen. Umso mehr wächst und gedeiht ihre Liebe zum Stadtpark im Norden ihrer Geburtsstadt. Auch im Alleingang unternimmt sie intensive Spaziergänge abseits der

Hannelore Glaser (2. v. l.) und Helmut Schmidt (oberhalb von Loki) bei einem Klassenausflug im Jahr 1931.

angestammten Wege. Eine Praxis übrigens, die sie auch im hohen Alter beibehält. Als Schülerin hat sie dort ihre ersten Rendezvous mit der Pflanzen- und Tierwelt. Seite an Seite mit ihrer Lehrerin Ida Eberhardt sucht und sammelt Loki Blumen, Kräuter, aber auch Käfer, Spinnen, Kaulquappen und Köderfliegenlarven. Im grünen »Freilicht-Volkshaus«, wie so vieles in Hamburg angelegt von Fritz Schumacher, lernt sie die Botanik lieben. »Dort fand ich die Eingangstür zur Welt der Natur«, schreibt sie ein paar Jahre vor ihrem Tod im Hamburger Abendblatt. »Ich habe diese Welt nie mehr verlassen.«

Trotz der Begeisterung für alles Grüne gibt es jede Menge Sorgen in ihrem jugendlichen Leben. Zum Beispiel, beim Zigarettenrauchen erwischt zu werden. Diesem Laster huldigt sie seit ihrem zehnten Lebensjahr. Bis zum Ende, wie man weiß. Die ersten Glimmstängel der Marke Greiling Schwarz Weiß zu zweieinhalb Pfennig das Stück pafft Loki hinter einem Baum im Stadtpark. Die Sorte Ernst-August schmeckt ihr besser, doch kosteten drei dieser Zigaretten einen Groschen. Das ist unerschwinglich viel für eine Deern, für die Taschengeld ein Fremdwort ist. Gut für sie, dass auf dem Schulhof kleine Schätze gegen Tabak eingetauscht werden. Und bisweilen findet sich ein jugendlicher Kavalier, der eine oder zwei Zigaretten spendiert. Der spätere Kettenraucher »Schmiddel« kann kaum dazu zählen, frönt er dem Nikotingenuss doch erst seit seiner Konfirmation. Da schenkt ihm ein Onkel eine Packung, und los geht's. Klar jedoch ist, dass die Eltern Glaser, selbst starke Raucher, keinerlei gesundheitliche Bedenken hegen. Ganz im Gegenteil: Wenn Loki daheim wieder einmal viel geholfen hat, stellt ihr der Vater abends kommentarlos eine Tasse mit starkem Kaffee plus eine

1929

1937

Schon als Junge hatte
Helmut ein Faible für Mützen.

Helmut Schmidt (links) 1931 im Fotolabor der Lichtwarkschule. Rechts steht sein Kumpel Helmut Pless.

Filterzigarette auf den Küchentisch. Ohnehin ist es für Hermann Glaser Usus, unmittelbar vor dem Schlafen Koffein und Nikotin zu konsumieren. Quasi als Belohnung für einen Tag voller Plage.

Dass die Heimkehr von der Schule nach Hause manchmal länger als die Stunde des Hinwegs dauert, haben immer öfter Helmut Schmidt und sein Bruder Wolfgang zu verantworten. »Lass uns schneller laufen – da hinten kommen die Schmidt-Jungs«, pflegt Gesa zu rufen. Beide bleiben letztlich allzu gern stehen. Aus gutem Grund: Das Quartett findet zusehends Interesse aneinander. Die etwa eine Dekade später folgende Konsequenz für Hannelore Glaser und Helmut Heinrich Waldemar Schmidt ist bekannt. Doch auch Gesa und Wolfgang werden eines Tages heiraten. An dieser Stelle sei ein Phänomen der Lichtwarkschule angemerkt: Von den rund 600 Absolventen der 1925 gegründeten Oberschule, die bis zur Schließung durch die Nazis 1937 das Abitur schafften, haben etwa 120 »in eigenen Reihen« Hochzeit gefeiert. Offensichtlich sind nicht nur die schönen Künste studiert worden …

Noch indes ist Eros weit entfernt für Loki und Helmut. Beide finden eher Gefallen daran, sich zu necken und Widersprüche aufzubauen. »Oft sind wir stundenlang durch den Stadtpark spaziert und haben uns gezankt«, schreibt Hannelore Schmidt in einem ihrer Bücher. Den Begriff diskutieren habe man seinerzeit noch nicht gekannt. Dieses Zanken sieht in der Regel so aus: »Einer stellte irgendeine Behauptung auf, postwendend stritt der andere für das Gegenteil.« Wahrscheinlich stählten diese rhetorischen Dispute für spätere Scharmützel in der großen Politik.

Und da sich Gegensätze bekanntlich anziehen, bleibt es nicht nur beim verbalen Clinch. Irgendwann geben sich die beiden auf

Ahoi! Helmut Schmidt (6. v. l.) 1932 auf der Englandfähre.

einer Bank im Stadtpark den ersten Kuss. Ungefähr 1935 muss das gewesen sein, zwei Jahre vor dem Abi. In einem ihrer Bücher schreibt Loki von einem Alter von 14 oder 15 Jahren. Sicher ist der Zeitpunkt also nicht. Denn wer führt schon Buch darüber? Zumal ja niemand weiß, dass die spätere Glückseligkeit Jahrzehnte währen wird. Bis zu Lokis Tod 2010 – und ganz gewiss darüber hinaus. Die »badenden« Skulpturen sind stumme Zeugen erster Techtelmechtel, denen ein paar weitere Knutscheinheiten folgen. Dann ist aber auch Schluss mit lustig. Loki und Helmut bleiben gute Schulkameraden, verstehen sich auch außerhalb des Unterrichts prächtig, legen aber nicht zusätzlich Hand an.

Wie die anderen Mitschüler auch sind Loki und Helmut fasziniert von der Inspiration und den pädagogischen Talenten einer Lehrerin namens Stahl. Diese Koryphäe unterrichtet in Deutsch, tut aber viel mehr. Zum Beispiel lädt sie interessierte Schüler zu Leseabenden ein. So wird auch Helmut Schmidt mit Goethe, Carossa, Schäffer oder Thomas Mann konfrontiert. »In Umrissen brachte sie uns bei, was Humanismus bedeutet und dass Literatur Bildung umfasst«, schreibt er später in seinem Buch »Kindheit und Jugend unter Hitler«.

Helmut liest auch privat mit Inbrunst, rudert, fährt Rad, segelt auf der Außenalster. Gelegentlich kiebitzt er bei »BU«: Am Sonntag trifft sich die Nachbarschaft am Bolzplatz Klinikweg, der Verbindung zwischen Richard- und Wagnerstraße, um den Kickern des Fußballklubs Barmbek-Uhlenhorst zuzusehen. Helmut genießt die Atmosphäre auf den Stehplätzen an der Linie und die Weisheiten der Älteren, hat ansonsten aber mit dem Kickern nicht allzu viel am Hute. Zu den Höhepunkten des Schullebens gehören die alljährlichen Ausflüge an die Ostsee oder in die Holsteiner Schweiz. Im Rahmen des Schüleraustauschs kommt »Schmiddel« 1932 sogar nach England. Zusammen mit Kumpel Helmut Pless gibt er dort ein Interview. Offensichtlich wollen die britischen Journalisten wissen, was die jungen Deutschen von ihrem Gastland halten. »Schmidt-Schnauze« nimmt wie auch in später als Politiker kein Blatt vor den Mund. Mit der Folge, dass in der Zeitung ein dreispaltiger Artikel publiziert wird, in dem sich der junge Schmidt über die Langeweile des Sonntags in Manchester auslässt. Zudem kritisieren die 14-jährigen Hamburger, in der Zeitung »both Helmuts« genannt, die angeblich mangelhafte Esskultur der Engländer. Die Leser sind gewiss not amused.

Schon im Jahr vor dieser Studienreise ist die vierköpfige Familie Schmidt aus ihrer Wohnung in der obersten Etage in der Richardstraße in ein Mehrfamilienhaus an der Schellingstraße 9 nach Eilbek gezogen. Von dort geht »Schmiddel« regelmäßig zum Klavierunterricht in den Winterhuder Weg. Loki hat daheim viel zu tun und wird von ihren Eltern mächtig eingespannt. Sie macht das gern, sie kennt es auch nicht anders. Überleben ist das höchste Gut in diesen Zeiten, die von Monat zu Monat bitterer werden.

1933 kommt Hitler an die Macht. Die Kinder denken sich kaum etwas dabei. Sie registrieren lediglich, dass die Eltern immer öfter tuscheln und die Kinder oder mittlerweile Jugendlichen des Raumes verweisen, wenn es politisch zur Sache geht. Das Klima in der Hansestadt wird rauer. Braune Banden marodieren durch Hamburg; es wird erste Hatz auf Juden gemacht. Der Altonaer Blutsommer vom 17. Juli 1932 ist eine fürchterliche Vorwarnung. Bei einem Werbemarsch der SA durch das noch preußische Altona werden 18 Menschen ermordet.

Manchester Evening News

MONDAY, JULY 11, 1932

SCHOOL AMBASSADORS

German boys and girls who are to attend Ducie-street School, Manchester, being addressed to-day in company with English children, by Mr. T Brown, head master

LITTLE VISITORS FROM GERMANY

Schoolchildren Arrive in Manchester

STATION WELCOME

"Madchen" arrived in Manchester this afternoon, but out of uniform; "Jungen" came as well.

Twelve German girls and 24 German boys have come to spend three weeks in Manchester and will attend the ordinary classes at Ducie Avenue Central School

They were met at the station by 12 Manchester girls and 24 Manchester boys, aged between 13 and 16, who will act as their hostesses and hosts.

They greeted their little guests with enthusiasm, offered to carry their luggage, and entered into animated conversation of which parts appeared to be understood.

Both hosts and guests were wildly excited.

Nearly all the German boys wore open shirts and a ruck-sack was the only luggage that the majority of them carried. A few wore peaked caps but more berets. Their faces were browned by the sun. They should find a congenial home in Manchester, the city of hikers.

Mr. T. Brown and Miss J. Love, headmaster and headmistress of the Ducie Avenue schools, were also at the station to welcome the guests.

Mr. Brown explained that the visit is part of a system of exchange of scholars which was tried last year and found very successful.

When the German visitors return to their homes in Hamburg at the end of the month they will take about 30 Manchester children with them for three weeks in Hamburg.

Die »Manchester Evening News« berichten über den Besuch der Hamburger Schüler – unter ihnen Helmut Schmidt.

»Am Ende des Krieges war mein Vater ein gebrochener Mann.«

Helmut Schmidt in jungen Jahren an der Seite seiner Eltern.

1929

1937

Gustav Schmidts Geheimnis

Wer nicht will, muss mit. Irgendwie. Und dies ist der Augenblick, in dem Helmut Schmidt von jenem Geheimnis erfährt, das seinen Eltern so dermaßen große Sorgen macht, dass Vater Gustav nach Kriegsende ein gebrochener Mann ist. Was heutzutage niemanden interessieren würde, kann im Dritten Reich Kopf und Kragen kosten – im wahrsten Sinn des Wortes: Die Familie Helmut Schmidts ist teilweise jüdischer Abstammung!

Der nunmehr 14-jährige Helmut erfährt davon erst nach heftigem Insistieren. Er möchte so gern Mitglied der Hitlerjugend werden, mit all der damit verbundenen Spannung: Ausflüge, Lagerfeuer, Kameradschaft. Vater Gustav wehrt dieses Ansinnen vehement ab, wird zornig, gibt aber keinen Grund an. Helmut indes lässt nicht locker, macht Krach, will partout seinen Freunden folgen und der HJ beitreten. Fast kommt es zum Eklat, doch eines Abends nimmt Mutter Ludovica ihren Ältesten beiseite und lüftet das Geheimnis.

Der Großvater, jener Hafenarbeiter mit der Kate ohne Strom und Wasser, der Sonntag für Sonntag besucht wird, ist gar nicht sein richtiger Opa. Vielmehr, so erfährt der verblüffte Helmut, wurde sein Vater Gustav unehelich geboren, als Kind eines jüdischen Bankiers namens Ludwig Gumpel. Dessen Sohn Gustav kam in die Obhut des Hafenarbeiters Gustav Schmidt und dessen Ehefrau Katharina. Ob Gumpel seine Alimente regelmäßig zahlt oder seine materielle Schuld auf einen Schlag leistet, ist unbekannt. Sicher ist dagegen, dass Helmut Schmidts Vater aus einer Liaison des wohlhabenden Gumpel mit einer Kellnerin aus dem nördlichen Hamburger Umland stammt, die in der Hansestadt arbeitete. Helmut Schmidt bekam keinen der beiden je zu sehen, sein Vater wohl auch nicht. Dem Vernehmen nach wurden die Kontakte zwischen Gustav Schmidts leiblichen Eltern und seinem Ziehvater über zwei Gewährsleute Gumpels hergestellt.

Nun ist klar, warum Helmuts Vater solche Existenzängste hat. Und mit zunehmender Macht und Brutalität der Nationalsozialisten wird diese Furcht immer größer. Ihm drohten als Halbjude nicht nur ein Berufsverbot, sondern weit Schlimmeres. Ein nicht arischer Schuldirektor wird in damaliger Zeit nicht geduldet.

Somit ist dem jungen Helmut klar, warum seine Eltern seinen Eintritt in die Hitlerjugend unbedingt vermeiden wollen. Die dort erforderliche Überprüfung arischer Abstammung könnte das Geheimnis der Schmidts platzen lassen. Jahrzehntelang, bis 1984, behält es auch Helmut Schmidt für sich. Und nachdem der Sohn nunmehr eingeweiht ist, schreitet er gemeinsam mit seinem Vater zur Tat. Gustav Schmidt, dem nachweislich unehelichen Kind, fällt es leicht, den Behörden gegenüber von einem unbekannten Vater zu sprechen. Dem von Natur aus staatstreuen und ehrbaren Pädagogen glückt es mit einem Trick, diese Behauptung auf einer amtlichen Bescheinigung des Hamburger Staatsarchivs festzuhalten. Und Helmut schafft es irgendwie, einen »Nazistempel« darauf setzen zu lassen. Mancher würde dieses Vorgehen als Urkundenfälschung einstufen. Helmut Schmidt indes legt Wert auf die Feststellung, es habe sich »nur« um eine Amtsbescheinigung gehandelt. Wie auch immer: Der Ariernachweis ist fingiert.

Die furchtbare Angst des Vaters hat sich mit dieser Fälschungsaktion nicht aufgelöst. Im Gegenteil: Seine Sorge, als Halbjude und Urkundenfälscher aufzufliegen, nimmt von Tag zu Tag zu. Jedes Mal, wenn auf den Straßen SS-Trupps patrouillieren oder im Treppenhaus schwere Stiefel zu hören sind, gerät

er innerlich in Panik. »Am Ende des Krieges«, so gibt Helmut Schmidt später preis, »war mein Vater ein gebrochener Mann.« Er verstarb im März 1981 im Alter von 92 Jahren im Altenheim der Hartwig-Hesse-Stiftung in Rissen. Helmut Schmidt besuchte ihn, wann immer er konnte. Manchmal mit Zigarren in der Tasche, die er bei Feierlichkeiten in Bonn oder anderswo mit Hinweis auf seinen alten Herrn abgestaubt hatte.

Mutter Ludovica war schon 13 Jahre zuvor beerdigt worden. Gemeinsam mit Helmut und der restlichen Familie trauerte auch Bruder Wolfgang. Zwei Jahre jünger als Helmut Schmidt, war er zuletzt als Rektor der Theodor-Storm-Hauptschule in Wedel in Amt und Würden. Er starb am 22. September 2006.

Doch zurück zum alltäglichen Irrsinn und Terror der Nazizeit. Mit dem nunmehr gefälschten Ariernachweis steht Helmut Schmidt das Tor zur Hitlerjugend offen. Indes ist dieses Papier, Ironie des Schicksals, jetzt gar nicht mehr nötig. Denn sein Ruderverein wird kurzerhand komplett in die Marine-Hitlerjugend aufgenommen. So wird aus Helmut, dem Kapitän der Ruderriege, automatisch der Kameradschaftsführer. Auch während des Konfirmationsunterrichts in der Kirche St. Gertrud am Immenhof ist von Opposition nichts zu spüren. Es wäre lebensgefährlich gewesen.

Helmut nimmt 1936, also im Jahr der Olympischen Sommerspiele in Berlin, am sogenannten Hitlermarsch zum Parteitag der NSDAP in Nürnberg teil. Das Ganze ist ihm zwar instinktiv nicht geheuerlich, doch spielt er das braune Spiel mit. Wie fast alle in großdeutschen Landen.

Auch in seiner Heimatstadt Hamburg. Im Stadtteil Eimsbüttel ist er als Scharführer aktiv, organisiert Kameradschaftsabende und Sportturniere. Trotz aller politischer Disziplin zu einer gewissen Renitenz neigend, geht er dennoch einmal ein hohes Risiko ein. In einem Versammlungssaal der Hitlerjugend tüncht er in roten Lettern ein normalerweise völlig unverfängliches Zitat mit dem Wunsch nach Freiheit an die Wand. Helmut wird aus der Hitlerjugend ausgeschlossen. Er hat immenses Glück; denn es bleibt bei dieser Konsequenz.

Nicht nur diese Strafmaßnahme trägt zu seiner wachsenden Nachdenklichkeit über den Nationalsozialismus bei. Die in allen möglichen Schaufenstern aushängenden Ausgaben des »Stürmer« mit den übelsten Hetzparolen sind partout nicht nach dem Geschmack des kulturell gebildeten Jugendlichen.

Und als dann noch die Bilder der von ihm verehrten Expressionisten als entartete Kunst geächtet werden, bricht er mit dem Nazi-Regime. Natürlich nur innerlich. Seine Zweifel und Gedanken hält

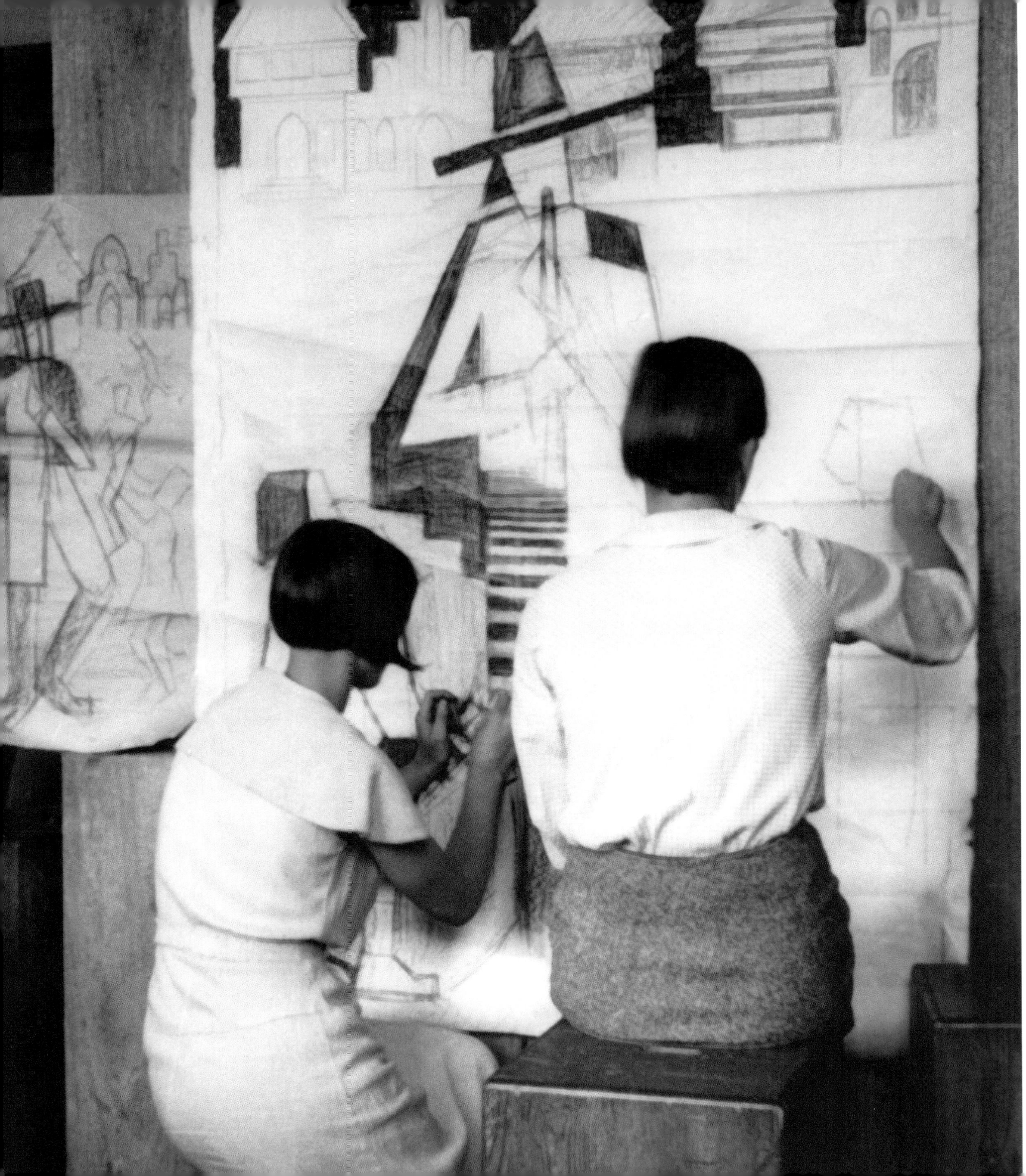

Loki (rechts) 1935 beim Teppichknüpfen in der Lichtwarkschule.

Helmut Schmidt in verklausulierten Notizen fest, die 1943 den Bombenangriffen auf Hamburg zum Opfer fallen sollen. So gut wie möglich rekonstruiert er sie in der Kriegsgefangenschaft. Sein Gefühl als deutscher Patriot bleibt von diesen Gedanken unberührt.

Parallel verspürt auch Hannelore Glaser wenig Sympathie für die Machthaber mit dem Hakenkreuz. Ihre Eltern schätzt sie eher als sozialistisch ein. Beide waren Mitglieder der USPD, treten allerdings aus Protest gegen kleinkariertes Parteiengeklüngel rasch wieder aus. Beide stimmen zu, als sich ihre älteste Tochter dem Bund Deutscher Mädchen (BDM) anschließt. Es machen ja fast alle mit, wer mag schon im Abseits stehen …

Nunmehr kann sich Loki einen kleinen Traum erfüllen und Mitglied des BDM-Orchesters werden. Dies ist eine Ehre für eine Jugendliche aus ärmsten Verhältnissen. Swing ist angesagt, ein kleiner, lauter Protest gegen das braune Establishment. Die Orchesterleiterin schafft es, das Thema Politik aus den Übungsstunden herauszuhalten.

Nur einmal kommt Loki tief erschüttert in die elterliche Wohnung. Verwirrt schildert sie ihrem Vater einen Vorfall vom Nachmittag. Adolf Hitler, der Führer, stattete Hamburg einen Besuch ab: Zwischen Flughafen und Innenstadt standen Hunderttausende am Straßenrand, um ihm zuzujubeln. Ob von Neugierde getrieben oder wie befohlen, jedenfalls waren auch Loki und ihre Freundinnen dabei. Natürlich in der BDM-Kluft, inklusive brauner Jacke, von den Schülerinnen als »Affenjacke« verspottet. Hermann Glaser quittiert das neue Outfit seiner Tochter mit Grimassen, sagt aber kein Wort.

»Und plötzlich, Papi, ging auch mein rechter Arm in die Höhe«, beichtet Loki, »fast automatisch geschah das.« Der Vater zürnt nicht, sondern setzt sich mit Loki an einen Tisch und erläutert ihr das Phänomen einer Massenhysterie. Natürlich unterhält sie sich auch mit Helmut Schmidt und anderen vertrauten Klassenkameraden über dieses einschneidende Erlebnis.

Am 13. März 1937, zehn Tage nach Lokis 18. Geburtstag, machen beide ihr Abitur. Eigentlich zu früh, doch braucht der Führer frische Soldaten für den bevorstehenden Krieg. Klassenprimus Helmut, den die Mitschüler eher als späteren Musikdirektor, Regisseur oder Stadtplaner denn als künftigen Regierungschef eines wieder demokratischen Landes sehen, glänzt mit bravourösen Noten. Geschichte und Deutsch sehr gut, Religion gut. Im Englischen mündlich und schriftlich ausgezeichnete Leistungen, in Musik ebenso. Physik und Chemie geht so.

Überragend fällt auch das Zeugnis im Fach Sport aus. Sportabzeichen und DLRG-Schein sind problemlos bewältigt worden, zudem sei Helmut mit Spaß und Leidenschaft bei der Sache gewesen. Der Turnlehrer Ernst Schöning, zu dem Helmut auch nach dem Krieg Kontakt hält, erwähnt besonders Fairness und Mut seines Schützlings. Und Biolehrer Helmut Hein gibt Jahre später zu Protokoll: »Helmut Schmidt war redegewandt und höflich, ohne devot zu werden. Er sagte immer geradeheraus, was er meinte, und konnte ebenso gut einstecken, wie er austeilte.« Das kommt einem heutzutage bekannt vor.

Loki und Helmut haben ihr Abi gebaut, »gehen jedoch nicht miteinander«, wie die Freunde zu sagen pflegen. Der Überfall der deutschen Wehrmacht in Polen steht vor der Tür; bis zum Weltkrieg sind es nur noch gut zwei Jahre. Das Deutsche Reich rüstet militärisch auf – und moralisch ab. Es passt ins Bild, dass der Jahrgang Glaser und Schmidt der letzte an dieser Schule ist. Unmittelbar danach bereiten die Nazis dem »roten Spuk« ein Ende und schließen die Lichtwarkschule.

3

1937 – 1945

Der Krieg beginnt,
Helmut Schmidt kommt an
die Ostfront nach Leningrad.
Loki wird Lehrerin, kollabiert
jedoch. Hochzeitsglocken
läuten – doch das Drama
nimmt seinen Lauf. Hamburg
liegt in Schutt und Asche.
Und dann stirbt auch noch
das Baby Moritzelchen.
Alles bricht zusammen.

Schulanfang nach Kriegsende in Hammerbrook: Gute Laune trotz unfassbarer Zustände.

Der Zweite Weltkrieg beginnt: »Seit 5.45 Uhr wird zurückgeschossen«

Adolf Hitler braucht frische Soldaten für seine Kriegspläne, und so hat auch Helmut Schmidt sein Abitur schon nach zwölf Jahren in der Tasche. Wir schreiben das Jahr 1937, Deutschland eilt dem Untergang entgegen. Auch in Hamburg wird Hatz auf Juden gemacht; bis zu den Massentransporten in Konzentrationslager und bis zum Überfall auf Polen am 1. September 1939 ist es nicht mehr weit. Weder Loki noch Helmut ahnen in dieser Zeit, welche grausamen Erlebnisse auf sie zukommen werden. Ihre zerstörte Heimatstadt, ausgebombte Elternhäuser und der frühe Tod ihres Erstgeborenen sind nur einige Stichworte.

Aus dem Schüler »Schmiddel« ist der erwachsene Helmut Schmidt geworden. Der Mann ist 18 Jahre alt und strotzt vor Kraft. Daher bereitet ihm der Reichsarbeitsdienst keine Probleme. Der Barmbeker kommt dort zum Einsatz, wo er genau ein Vierteljahrhundert später seine Macherqualitäten so richtig beweisen und eine beeindruckende Politkarriere starten wird: an der Elbe, südlich der Hamburger Innenstadt. Helmut Schmidt hilft beim Deichbau. Nahe jener Stelle, an der Anfang 1962 die Deiche brechen sollen.

Wenig später wird er nach Bremen-Vegesack versetzt, einen maritim geprägten, nördlichen Bezirk der benachbarten Hansestadt. Im Rahmen seiner zweijährigen aktiven Wehrpflicht an der Weser wird er einer Flakkompanie zugeteilt, die Bremen verteidigen soll. Noch sind die Zeiten relativ ruhig, die Soldaten haben in ihrer Freizeit Muße, die schönen Seiten des Lebens zu genießen. Wenn auch fünf Groschen Sold pro Tag keine größeren Unternehmungen zulassen. »Reicht kaum für Zahnpasta und Rasiercreme«, murrt Kanonier Schmidt. So kommt es dem jungen Flugabwehrsoldaten ganz gelegen, dass vor den Toren Bremens, in Fischerhude, ein Freund seines Lieblingsonkels Heinz Koch wohnt. Es handelt sich um einen Kameraden aus dem Ersten Weltkrieg, der den Hamburger Jung mit offenen Armen willkommen heißt. Durch ihn kommt Helmut Schmidt in Kreise, die ihn faszinieren. Fischerhude und Worpswede, beides schnuckelige Dörfer am Rande des Teufelsmoors, sind schon damals Künstlerkolonien mit einem ganz speziellen Spiritus. Was der Gast aus Hamburg rasch registriert: Ungeniert werden der Nationalsozialismus und die braunen Regenten kritisiert. Der Besucher wundert sich und spitzt die Ohren. So gerät er auch in Kontakt zu Malern wie Otto Modersohn oder Clara, der Witwe des Lyrikers Rainer Maria Rilke.

Es ist eine Welt, die Helmut Schmidt behagt. Herzhaft genießt er den Umgang mit Freidenkern und kritischen Geistern, die offenen Meinungsaustausch und Toleranz hochschätzen. Ein bisschen weht der liberale, von künstlerischem Sinn getragene Wind, den er auf der Lichtwarkschule in Winterhude so mochte. In dieser Zeit liest Schmidt neben der klassischen deutschen Literatur auch Werke von Marx, Engels, Tolstoi oder Dostojewski.

Mit der ihm typischen Chuzpe und Intelligenz glückt es dem jungen Gefreiten, zwei ihm unangenehme Attacken abzuwehren. Zum einen drängt ihn sein Kommandant, die Karriere eines Berufsoffiziers einzuschlagen. Mit Verweis auf sein im Anschluss an die Wehrpflicht geplantes Studium mit dem Berufswunsch Architekt kommt er aus der Nummer elegant heraus. Diese Begründung zieht ebenfalls, als Post der alles dominierenden Partei eintrifft: Die Funktionäre mit dem Hakenkreuz wünschen, dass

Helmut Schmidt, Leutnant der Luftwaffe.

Helmut Schmidt (4. v. r) mit Kameraden in Bremen-Vegesack (1938).

Helmut Schmidt (1. v. l.) beim Reichsarbeitsdienst in den Vierlanden (1937).

Loki Schmidt trotzt dem Winter.

der frühere Scharführer in Eimsbüttel und Kameradschaftsführer der Marine-HJ Mitglied der NSDAP wird. Die Antwort, erst die Berufsausbildung beenden zu wollen, wird akzeptiert und ad acta gelegt.

Gegen Ende seines Wehrdienstes dient Helmut Schmidt im Flakregiment 28 und stellt sich auf das zivile Leben ein. Studieren, danach Architekt oder Stadtplaner zu werden wäre der eine Weg. Zügig Geld verdienen und Deutschland vorübergehend den Rücken zu kehren der andere. Denn dem jungen Hanseaten dämmert immer intensiver, dass die Nazis sein Land ins Unglück führen. Mit einem von Vater Gustav spendierten, blaukarierten Jackett und einer Portion Mut im Herzen stellt er sich im Personalbüro der Deutschen Shell vor. Im Auftrag des Mineralölkonzerns, so das Ziel, könnte er nach Holländisch-Indien reisen, dem heutigen Indonesien. Helmut Schmidt verspürt den Lockruf der großen, weiten Welt.

Doch macht Adolf Hitler ein Kreuz durch diese Pläne. »Seit 5.45 Uhr wird zurückgeschossen«, erschallt des Führers brüllende Stimme durch das Dampfradio in der elterlichen Wohnung in der Schellingstraße 9 in Eilbek. Die Wehrmacht, der Schmidt just enteilt zu sein schien, überfällt Polen. Der Zweite Weltkrieg beginnt.

Mit der Konsequenz, dass die Träume vom Ölbohren in Fernost wie eine Seifenblase platzen: Er wird keineswegs aus dem Militärdienst entlassen, sondern zum Wachtmeister der Reserve ernannt. Gut, dass er in diesem Moment nicht ahnt, dass die Soldatenzeit letztlich achteinhalb Jahre währen wird. Wenige Monate später, also 1940, wird der jetzt 21-Jährige zum Leutnant befördert und zum Oberkommando der Luftwaffe nach Berlin dirigiert. Dort sitzt der Hamburger auf einer Amtsstube und kümmert sich um die Ausfertigung von Schießvorschriften. Fraglos nicht der spannendste Job, jedoch zumindest ein ungefährlicher. Denn an der Ostfront sterben Soldaten.

Zu Loki Glaser besteht seit dem Abitur drei Jahre zuvor weitgehend Funkstille, man hört nur gelegentlich voneinander. Zumal die Schulfreundin, mit der 1935 im Stadtpark die ersten zarten Küsse ausgetauscht wurden, im Rahmen des NS-Arbeitsdienstes für sechs Monate nach Hagenow in Mecklenburg abkommandiert wird. Dort unterstützen 40 Frauen die Landwirte auf dem Feld und in der Scheune. Tagessold für diese patriotische Aufgabe: 50 Pfennige.

1938 beginnt die junge Frau ihr Pädagogikstudium und verbringt gerade ein Landschulpraktikum im Örtchen Hambergen bei Bremen, übrigens nicht weit von Helmuts früherem Wehrmachtstandort Vegesack und den Künstlerkolonien Fischerhude und Worpswede entfernt, als ihr der Dorfpastor am 1. September 1939 die Hiobsbotschaft überbringt: »Der Krieg ist da!« Innerlich aufgewühlt und zutiefst besorgt, schwingt sich Loki auf ein Fahrrad, um die Eltern in Hamburg-Horn zu besuchen. Mehr als 100 Kilometer sind das. In der kleinen Wohnung im Osten der Hansestadt erlebt sie Gertrud und Hermann Glaser in aufgeregtem Zustand. Dunkle Wolken hängen über Deutschland. Was wird die Zukunft bringen?

Unruhige Zeiten stehen bevor, das ist jedem klar. Der Familienrat beschließt einvernehmlich, dass die älteste Tochter so rasch wie möglich einen Beruf ergreifen und Geld verdienen soll. Hannelore wird so weit wie möglich von häuslichen Pflichten in der sechsköpfigen Familie befreit und klotzt noch mehr als

Helmut Schmidt, schon 1934
ein stattliches Mannsbild.

sonst schon ran. Bis zu 48 Stunden in der Woche widmet sie sich den Studien und schafft das kleine Wunder: Schon Mitte 1940, also nach gut zwei Jahren Hochschule, besteht Hannelore Glaser die zweite Lehrerprüfung für Volks- und Realschule. Nicht nur Mutter und Vater sind stolz auf diese Turboleistung. Die Erfolgsserie hält an; denn prompt erhält sie eine Lehrerstelle am Bauerberg 44 in Horn unweit des Elternhauses.

Am 2. Mai 1940 wird ihr eine vierte Klasse anvertraut. Erneut macht die junge Lehrkraft weit mehr, als sie muss: Auch an den freien Nachmittagen hält sich die bis in die Haarspitzen ihres dunklen Bubikopfs motivierte Pädagogin auf dem Schulhof auf, verwaltet den Schlüssel für die Kammer mit der Sportausrüstung und betreut die Kinder. Loki hat ihren Traumberuf gefunden und geht darin auf. Zur Freude der Mädchen, die für ihr »Fräulein Glaser« durchs Feuer gehen würden, indes ebenso zum Wohlgefallen der Eltern, die ihren Nachwuchs in der Freizeit in allerbesten Händen wissen. Alle Schüler kommen übrigens aus einer Neubausiedlung in Horn. Die Familien mussten das zum Abriss stehende Gängeviertel in der Innenstadt verlassen. Immer wieder laden die zufriedenen Mütter die neue Lehrerin nach Hause ein – auf eine Tasse Muckefuck, dem seinerzeit üblichen Ersatzkaffee.

Kleiner Einschub: Ende August 2000 haben sich 15 dieser ehemaligen Schülerinnen zu einem Klassentreffen in Horn verabredet. Auch sechs Jahrzehnte später schwärmten die Seniorinnen von einer fabelhaften Lehrerin mit riesengroßem Herzen. Chronist dieser anrührenden Zusammenkunft war übrigens der langjährige Chefreporter des Hamburger Abendblatts, Günter Stiller, der leider im April 2011 verstarb. Dieser Vollblutjournalist erster Klasse begleitete die beiden Schmidts über viele Jahre und war einer der handverlesenen »Pressefritzen«, die »Schmidt-Schnauze« wahrhaftig schätzte. Sowohl zu Loki als auch zu Helmut verband den gebürtigen Badener ein freundschaftliches Verhältnis. Über Stiller wird in späteren Kapiteln noch mehr zu lesen sein.

Zurück nach Hamburg 1940. Einmal alle vier Wochen radelt Loki in die Hamburger Innenstadt, um sich in der Schulbehörde in der Dammtorstraße den Monatslohn in bar abzuholen.

Loki Schmidt (1. v. l.) als junge Lehrerin mit der Klasse 4 der Schule Bauerberg während einer Kinderlandverschickung in Kulmbach.

»Wir verehrten sie, hatten aber auch enorme Achtung vor ihr«

126,14 Reichsmark werden der 21-jährigen Pädagogin ausgezahlt. Hundert davon gibt sie regelmäßig daheim ab. Die Familie kann das Geld dringend gebrauchen. Freude kommt dennoch nicht auf: Bereits im Sommer und Frühherbst 1940 werden die ersten Bomben über Hamburg abgeworfen. Plötzlich tobt der Weltkrieg nicht mehr nur weit weg an der Front, sondern ist ganz nahe, teuflisch nahe.

Was sich dramatisch zuspitzt, als die Grundschule Bauerberg 1944 ausgebombt wird. Von 1942 an zählt auch Lisa Schulz aus Barmbek zu Loki Glasers Schützlingen. Nach dem Tod der ehemaligen Lehrerin meldet sich die 1931 geborene Abendblatt-Leserin in der Redaktion der Zeitung und erzählt von ihren »fantastischen Erlebnissen« mit der jungen Pädagogin. »Sie war eine ganz Süße, die von ihrem großen Herzen geleitet wurde«, erinnert sich Frau Schulz an ihre Kindheit. »Wir verehrten sie, hatten aber auch enorme Achtung vor ihr.« Die beiden trafen sich regelmäßig auf dem Schulweg und schnackten dann über Gott und die Welt. »Loki stieg immer in die Bahn ein, in der auch ich saß«, erzählt sie, »und ich hatte gar keine Berührungsängste.« Dankbar und glücklich denke Lisa Schulz an eine wirklich besondere Frau zurück.

Um die Kinder ihrer Schule vor den Angriffen zu schützen, reist Loki Glaser mit 23 Mädchen zwischen neun und 15 Jahren zur Kinderlandverschickung nach Oberfranken. Dort, so die Hoffnung, sind die Kleinen sicherer. Doch ist in Kulmbach nichts zu spüren von der angeblichen deutschen Ordnung: Die Evakuierungsbehörden haben sich verrechnet, sodass die junge Lehrerin ihre Schülerinnen zunächst auf Gasthäuser in der Umgebung verteilen muss. Anschließend kommt die Gruppe aus Hamburg in einem leeren Ballsaal, letztlich in einer gleichfalls freistehenden Trinkerheilanstalt auf dem Lande unter. Artig, aber schlau macht sie dem Dorflehrer ihre Aufwartung, staubt Landkarten, Papier und Stifte ab und legt mit dem Unterricht los.

Schon damals typisch Loki, ist sie nach Kräften bemüht, ihren Schützlingen trotz des Heimwehs ein halbwegs intaktes Umfeld bieten zu können. Die Deerns sollen möglichst wenig mitbekommen von dem Grauen, das sich immer brutaler anbahnt. Wanderungen, Versteck spielen, Waldbeeren sammeln, Theaterstücke aufführen und viel Singen stehen auf dem Programm. »Unversehens war ich Ersatzmutter von 23 Mädchen«, erzählt sie 1983 in einer NDR-Sendung zum Thema Kinderlandverschickung. Es gehört zur Tagesordnung, dass nachts kleine, weinende Geschöpfe an Lokis Bett kommen. Sie dürfen unter die Decke kriechen und finden Trost.

Bisweilen jedoch fehlen auch der Ersatzmutter die Worte. Fünfmal muss sie in der Kulmbacher Zeit einem Mädchen die erschütternde Nachricht überbringen, dass eines der Elternteile Kriegsopfer wurde und tot ist – im Kampf an der Front oder bei den Bombenangriffen auf Hamburg.

Solche psychischen Belastungen und so aufopferungsvoller Einsatz quasi rund um die Uhr verlangen ihren Tribut: Im Spätsommer 1941 kollabiert die noch junge Lehrerin mehrfach. Und das mit 22 Jahren! Sie erhält zwei Wochen Sonderurlaub und kehrt im November zurück nach Hamburg.

Nollendorfplatz im Herzen
Berlins. Hier gaben sich Loki und
Helmut das Eheversprechen.

Wiedersehen in Berlin

Dass ihr Seelenleben bei allem Stress und Kummer dennoch über einen Anker verfügt, liegt an sechs Buchstaben, die in ihrem Herzen groß geschrieben werden: HELMUT! Denn ein Jahr zuvor hat sich eine Begebenheit vollkommenen Glücks ereignet, das dem Leben zweier Menschen Halt und innere Stabilität verleiht.

Es ist der 17. August 1940, ein herrlicher Sommertag, der in Lokis und Helmuts Dasein eine entscheidende Rolle spielt. An diesem heißen Sonnabend reist die Lehrerin nach Berlin, um ihren alten Schulfreund »Schmiddel« zu besuchen. Beide sind 21 Jahre alt. Trotz der erwähnten, längeren Funkstille hielten sie immer ein bisschen Kontakt. So hatte Loki ihrer zeitweiligen Jugendliebe zwar während dessen Wehrpflicht in Bremen-Vegesack einen Besuch abgestattet, doch blieben dem Paar damals nur drei Stunden. »Tschüs!«, hieß es zum Abschied. »Viel Glück!« Das war's. Erst einmal.

Nun jedoch, an diesem 17. August, knapp ein Jahr nach Kriegsbeginn, ist alles ganz anders. Helmut hat Loki einen Brief gesandt, den die Eltern nachschickten. Darin steht sinngemäß: Lebe und arbeite jetzt in Berlin, komm doch mal auf eine Urlaubswoche vorbei. Geschrieben, getan. Auf in die Hauptstadt, auf ins Glück!

Die beiden begrüßen sich, nicht mehr, und fahren nach Sanssouci. In der Nähe des Schlosses bittet Helmut seinen Gast darum, kurz auf dem Trottoir zu warten. Er wolle ihr ein Zimmer besorgen für die Zeit des einwöchigen Besuchs, meint Helmut lediglich, und verschwindet im Büro einer Wohnungsvermittlungsagentur. Ein paar Minuten später kommt er frech grinsend hinaus und gibt allerbester Dinge einen Satz von sich, dessen Tragweite Loki in diesem Augenblick gar nicht begreift: »Weißt du eigentlich schon, dass wir verheiratet sind?« Lokis entgeistertem Blick folgt die Erklärung: »Ohne diese Behauptung hätte ich das Zimmer nicht gekriegt.« Offensichtlich wurde ungern an alleinstehende junge Damen vermietet. Ob aus finanziellen oder moralischen Gründen, sei dahin gestellt. Man kommt sich also näher. Entscheidend näher.

Die beiden verbringen eine traumhaft schöne Woche in der Hauptstadt des Deutschen Reichs. Die alte Vertrautheit, wird Loki eines viel ferneren Tages dem Fernsehmoderator Reinhold Beckmann gegenüber äußern, ist plötzlich wieder da. So wie einst im Stadtpark zu Hamburg, als zwei Herzen im Einklang schlagen. Stundenlang bummeln sie Unter den Linden, flanieren über den Kurfürstendamm, landen am Nollendorfplatz.

Und dort, auf einer Bank unter den Bahngleisen, passiert es: Loki Glaser und Helmut Schmidt geben sich das Eheversprechen. Es ist so etwas wie eine inoffizielle Verlobung. Wer die Offensive ergriffen hat, daran erinnert sich im Nachhinein keiner mehr. Es ist ja auch unwichtig. Das beiderseitige Versprechen: Sobald Helmut aus dem Russlandfeldzug zurückkommt, wollen sie vor den Traualtar treten. Wie dieses Gelübde in die Tag umgesetzt werden soll, ist dem Paar ein Rätsel. Denn eine Zukunft ist während eines Weltkrieges natürlich kein Stück zu planen. So ist dieser Moment bei aller Romantik auch ein Augenblick zwiespältiger, bittersüßer Gefühlsschwankungen.

Denn als sie sich am 24. August trennen, weiß nur der liebe Gott, ob sie sich jemals wieder in die Arme schließen können. Helmut Schmidt, das ist Kriegsschicksal, wird an die Ostfront

PAT UND PATACHON
Patachon
191 Görlitzer

Ihre Vermählung geben bekannt:

Helmut Schmidt
Oberleutnant im R. L. M.

Hannelore Schmidt
geb. Glaser

27. Juni 1942

Hamburg 23
Schellingstraße 9

im Hause: Sonntag, 28. 6. 1942
15 – 16 Uhr

Die kirchliche Trauung fand am 1. Juli 1942 in Hambergen bei Bremen statt.

Die Vermählungsanzeige vom 27. Juni 1942.

versetzt. Der Truppenbefehl: Meldung bei der Luftwaffen-Flak, die vor Leningrad stationiert ist und die 1. Panzerdivision unterstützen soll. Als der Zug mit Leutnant Schmidt an Bord Berlin Richtung Russland verlässt, steht Loki Glaser schluchzend am Bahnhof und winkt hinterher. »Lieber Gott, lass es ein Wiedersehen geben!«, fleht eine innerlich, die nicht getauft ist und eigentlich auch gar nicht an den Herrn im Himmel glaubt.

Es soll an dieser Stelle nicht verschwiegen werden, dass Helmut Schmidt nicht zwangsweise an die Front versetzt wird. Des Dienstes als »Amtshengst« im Luftwaffenbüro überdrüssig, fühlt sich der Barmbeker zum kämpferischen Einsatz für das deutsche Vaterland verpflichtet. Mehrfach hat er sich bei allen möglichen Stellen um dieses Himmelfahrtskommando bemüht, jetzt ist es so weit.

Wahrscheinlich kann einen solchen lebensgefährlichen Willen nur begreifen, wer diese Epoche miterlebt hat. Weil sich Helmut Schmidt trotz inneren Widerwillens gegen das immer mehr gehasste NS-Regime und des erwarteten Untergang des Deutschen Reichs zum Waffeneinsatz für sein Vaterland verpflichtet fühlt. Wie so viele junge Männer in dieser Zeit. Eine ausführliche Auseinandersetzung mit diesem Widerspruch führt an dieser Stelle zu weit – zumal es wohl keine einfache Lösung gibt. Sehr ausführlich und substanziell beschäftigt sich der ehemalige »Spiegel«-Politikchef Hans-Joachim Noack mit diesem Thema. Seine anlässlich Helmut Schmidts 90. Geburtstag im Jahr 2008 im Rowohlt-Verlag erschienene Biografie ist eine fesselnde Lektüre. Sie verzichtet auf simple Erklärungsversuche, sondern skizziert die Situation eines 21-jährigen Menschen während der Hitlerzeit.

Apropos: Wer an noch mehr Details aus dem teilweise dramatischen Leben des Altkanzlers interessiert ist, wird in der zweibändigen Biografie des Historikers Hartmut Soell mehr als zufriedenstellend fündig. Der Autor hatte Zugriff auf Schmidts Archiv mit Notizen und Tagebüchern aus eben nicht vergessenen Zeiten, sprach mit einer Vielzahl Zeitzeugen und enthüllt manches exklusive Vorkommnis. Dieses Buch hier konzentriert sich, wie im Vorwort geschrieben, bewusst auf den Lebensweg zweier faszinierender Persönlichkeiten. Mit Betonung auf ihre Heimatstadt Hamburg und wichtige Stationen dort. Eine weitere Biografie soll es nicht sein. Fraglos gehören die Kriegswirren mit Eckpfeilern in Berlin, im Umkreis Bremens sowie später im Berliner Vorort Bernau dazu.

Zurück also ins Jahr 1941. In Russland nimmt das Drama seinen Lauf. Die deutschen Soldaten, und mit ihnen Helmut Schmidt, stecken vor Leningrad im Schlamm. Der aus dem Führerhauptquartier befohlene Marsch auf Moskau friert bei minus 35 Grad ein. Es herrschen unvorstellbar grauenhafte Zustände. In diesem Moment des sich bereits androhenden Zusammenbruchs meint es das Schicksal gut mit Helmut Schmidt: Im Januar 1942 wird der junge Offizier zurück in die Hauptstadt beordert. In einer Amtsstube an der Knesebeckstraße muss er wieder Bürokram verrichten. Welch ungeheures Glück!

Der Heiratsantrag

Somit ist Zeit, privat entscheidende Weichen zu stellen. Mit präzisen Vorstellungen fährt Schmidt über Ostern nach Hamburg. Beider Eltern reagieren positiv auf seinen Heiratsantrag. »Schön, ich habe damit gerechnet«, frohlockt Mutter Ludovica. Vater

Am 27. Juni 1942 heiratete das junge Paar standesamtlich in Hamburg.

Gustav sagt nicht viel, wie immer. Sodann hält Helmut Schmidt bei Lokis Eltern in Horn um die Hand ihrer Tochter an. Während Gertrud Glaser wissend grinst, befindet Gatte Hermann zufrieden lächelnd: »Helmut, du kennst sie ja lange genug; du weißt also, was du kriegst.« Stimmt!

Auf der Verlobungsannonce, typisch Loki, prangt eine stilisierte Blume. Zur Feier des Tages schenkt Helmut seiner Braut in spe einen Wollmantel, das erste gekaufte Kleidungsstück ihres Lebens. Bis dahin trug sie immer nur gebrauchte oder selbst geschneiderte Klamotten. Mithin ein in jeder Beziehung erwärmendes Gefühl.

Welches sich bei der standesamtlichen Eheschließung auf der Uhlenhorst Ende Juni 1942 noch steigert. Als Trauzeugen sind die frühere Klassenkameradin Ursel Humke sowie der langjährige Freund Kurt Philipp zur Stelle. Für die kirchliche Hochzeit am 1. Juli in Hambergen bei Bremen hat sich Loki extra taufen lassen. Ob aus Gründen der Romantik oder als symbolischer Protest gegen das religionsfeindliche NS-Regime, wird auch später nicht ganz klar. Jedenfalls erscheint Frau Schmidt in einem selbst genähten, rosafarbenen Kleid mit Kragen sowie einem Schleier. Die Knöpfe ihres Kleides hat Loki selbst bezogen – auch im Detail sollte alles stimmen an diesem wunderschönen Tag. Sie trägt einen passenden Haarkranz – und einen Strauß langstieliger, roter Rosen in der rechten Hand. Der Bräutigam posiert, ernst und stolz blickend, die Hände verschränkt, in Luftwaffenuniform für das offizielle Foto. Daran ist die »Affenschaukel« zu sehen, die Oberleutnants-Kordel.

Die wunderschöne, typisch norddeutsche Kirche von 1753, die 2008 renoviert und mit komplett neuen Fernstern versehen wurde, steht heute schöner da denn je. »In eines dieser Fenster wurde ein Zitat von Willy Brandt eingraviert«, weiß der heutige Hambergener Pastor Heino Hüncken: »Nichts kommt von selbst, und nur Weniges ist von Dauer.« Während des SPD-Wahlkampfes 1983 kam Helmut Schmidt in dem schmucken Dorf vorbei, in dem Loki im Sommer 1939 beim Kirchenorganisten gewohnt hatte. Als treue Seele übernahm sie auch die Schirmherrschaft für das 230. Kirchenjubiläum. Und was Loki und Helmut Schmidt niemals an die große Glocke hängten, gibt Pastor Hüncken preis: Beide haben anlässlich ihrer Goldenen und später Diamantenen Hochzeit großzügige Spenden überwiesen.

Der Bund fürs Leben vom 1. Juli 1942 ist akkurat im Kirchenbuch verzeichnet, einem »dicken schwarzen Schinken«, wie der lebensfrohe Pastor Hüncken sagt. Die Trauung an diesem Mittwoch vollzieht sein Vorgänger Rudolf Flügge. Der Geistliche bleibt dem Brautpaar auch anschließend freundschaftlich verbunden.

Dass es die Fotos von früher als historische Dokumente von erstklassiger Qualität überhaupt gibt, ist Hertha Gerken zu verdanken, einer ehemaligen Schülerin Lokis, deren Vater in der Kriegszeit in Hambergen ein kleines Fotogeschäft betreibt. Herr Gerken nahm auch die Bilder auf, die Loki als Junglehrerin während ihres Landschulpraktikums mit ihren Schülern zeigt. Eines davon ist auf der Titelseite von Loki Schmidts Buch »Mein Leben für die Schule« zu sehen.

Wieder in Hamburg, beziehen die Doppelverdiener eine geräumige Wohnung an der Gluckstraße in Barmbek, Helmuts vertrautem Geburtsstadtteil. Zum ursprünglichen Elternhaus an der Richardstraße ist es nur ein Katzensprung. Er arbeitet jedoch weiter im Ministerium in Berlin. Vor der Station Gluckstraße hatten beide in Eilbek »auf Zimmer« gewohnt, wie es damals heißt. Und zwar in der Fichtestraße, in einem Eckhaus zur Wandsbeker Chaussee hin. Sehr klein, auch nicht mein, erst recht nicht fein – aber besser als gar nichts.

Das junge Glück indes währt nur kurze Zeit: Am Horizont ziehen dunkle Wolken auf. Im wahrsten Sinn des Wortes. Während eines Aufenthalts in einem Landheim an der Ostsee im Juli 1943 traut Loki Schmidt ihren Augen kaum. »Im morgendlichen, blutroten Sonnenlicht ist ein merkwürdiger Dunst zu erkennen«, schreibt sie Jahre danach. Im selben Moment dämmert die fürchterliche Erkenntnis: Hamburg brennt!

Und so ist es. Die Alliierten haben die »Operation Gomorrha« gestartet und bombardieren Hamburg flächendeckend. Zwischen dem 25. Juli und dem 3. August 1943 attackieren britische und amerikanische Bomber auch die Zivilbevölkerung. Hitler-Deutschland soll der Todesstoß versetzt werden. Getreu der Schilderung im 1. Buch Mose in der Bibel: »Der Herr ließ Schwefel und Feuer regnen auf Sodom und Gomorrha und vernichtete die Stadt und die ganze Gegend und alle Einwohner.«

Die Freie Hansestadt Hamburg versinkt in einem Inferno. Das Grauen kennt keine Beschreibung, und jeder, der dabei ist, wird diese Zeit nie im Leben vergessen können. Helmut Schmidt fährt mit dem Fahrrad durch das, was von seiner geliebten Metropole übrig geblieben ist. »Überall liegen Leichen auf dem brennenden Asphalt«, schreibt er später. Auch wenn sich diese Eindrücke wie Kerben in der Seele einmeißeln, bleibt ihm keine Zeit für Entsetzen und Trauer. Als Loki sich bei ihrem

Urlaubsfreuden am Osteseestrand von Kühlungsborn (1943).

»Ich weiß nicht, was schlimmer war, die von den Luftminen Getroffenen, die dasaßen, als ob sie noch lebendig wären, oder die im heißen Asphalt hängengebliebenen Erstickten. Und nun frag mich bitte nicht weiter …«

Vater nach diesen Tagen des Bombenhagels und Feuersturms erkundigt, gibt Hermann Glaser eine Antwort, die seine Tochter ewig in Erinnerung bleibt: »Ich weiß nicht, was schlimmer war, die von den Luftminen Getroffenen, die dasaßen, als ob sie noch lebendig wären, oder die im heißen Asphalt hängengebliebenen Erstickten.« Dann fährt er fort: »Und nun frag mich bitte nicht weiter …« Zu schlimm waren diese Erlebnisse.

Die schlechte Nachricht für Loki und Helmut Schmidt: Sämtliche Häuser, in denen Familienmitglieder wohnen, sind dem Erdboden gleichgemacht. Ge- und betroffen sind die Elternhäuser Glaser und Schmidt in Horn beziehungsweise Eilbek, das Quartier seines Bruders Wolfgang und dessen Lebensgefährtin Gesine, aber auch die neue Wohnung des Brautpaares in der Gluckstraße. Alles zerstört, eine Tragödie. Die gute Kunde bei allem Elend: Alle sind noch am Leben.

Wieder ein Wunder!

Während die Familie in der winzigen Wochenendhütte der Glasers in Neugraben Unterschlupf findet, muss Helmut Schmidt zurück in seine Dienststelle nach Berlin. Besser geschrieben bei Berlin; denn wegen der Angriffe und Zerstörungen wird seine Stabseinheit in den nördlichen Vorort Bernau verlagert. Zuerst kommt das junge Ehepaar bei einer entfernten Tante Lokis in der Hauptstadt unter, dann bei einem befreundeten Hauptmann, letztlich in Baracken ohne Strom und Wasser, die einst für polnische Erntehelfer errichtet wurden. Frischwasser muss mit einem Blecheimer im Hof gepumpt und natürlich nach dem Waschen oder Kochen wieder hinabgeschleppt werden.

An diesem unwirtlichen, jedoch halbwegs abgeschirmten Ort, auf ein paar Quadratmetern, in primitivsten Verhältnissen, ergibt sich eine rührende Situation, die nur in solchen wirren Zeiten möglich ist. Die Schmidts besuchen nicht nur regelmäßig Musik- und Liederabende bei befreundeten Offiziersfamilien, sondern bringen höchst persönlich Note in den tristen Alltag. Irgendwo auf dem brandenburgischen Lande leihen sie sich für fünf Reichsmark ein Klavier. Mit vereinten Kräften und tätiger Mithilfe der Nachbarn wird das gute Stück in den zweiten Stock der Notunterkunft gehievt. Nach Feierabend oder am Wochenende lebt der Oberleutnant aus Hamburg seine künstlerische Ader aus und haut inbrünstig in die Tasten. Bach im Kriegsjahr 1943 in der Walachei bei Bernau, unfassbar.

Diese Klavierstücke sind Labsal nicht nur für Menschen: Auch die Gänse im Hof fühlen sich von der Musik angezogen, schnattern beglückt – und watscheln die Treppe hoch zur Kemenate der Schmidts. Dort stehen sie vor der Tür und wollen näherkommen. Nicht nur Tierfreundin Loki ist begeistert, auch Helmut macht sich einen Spaß aus diesem Phänomen. Und wenn die Nachbarn das Federvieh ins Treppenhaus drängen sehen, spitzen sie die Ohren: Oben spielt Helmut Schmidt virtuos auf.

Doch können auch diese melodiösen Zwischentöne nur kurzzeitig Ablenkung schaffen: Das Deutsche Reich versinkt im Chaos. Wobei es eben dort im Prinzip schon angekommen ist. Ausgerechnet in dieser Ära des Untergangs erwächst neues Leben: Am 26. Juni 1944, fast auf den Tag genau zwei Jahre nach der standesamtlichen Hochzeit, gebärt Loki Schmid einen Sohn. Helmut Walter Moritz ist da! Helmut eilt aus der Amtsstube der Luftwaffe herbei, ist ganz aufgeregt (damals wie heute eine Ausnahme bei ihm) und überreicht Mutter Loki einen Strauß duftende weiße Pfingstrosen. Auch diesen Geruch wird

Das Königstor in Bernau bei Berlin (1936).

die Hamburgerin zeitlebens nicht vergessen. Der Kosenamen des kleinen Schmidt: Moritzelchen.

Knapp einen Monat später scheitert das Attentat gegen Hitler. In Nürnberg inszeniert das zum Tode verurteilte NS-Regime einen perversen Schauprozess. Helmut Schmidt und andere Offiziere werden nach Franken delegiert, um dem gnadenlosen Unrecht beizuwohnen. Was ihm während seiner Kanzlerschaft von politischen Gegnern vorgeworfen wird, ist allerdings nicht die freiwillige Reise eines überzeugten Nationalsozialisten, sondern ein Abschreckungsmanöver der militärischen Führung. »Sie sind ja ein schäbiger Lump!«, brüllt Roland Freisler, der Präsident des Volksgerichtshofes. Nach dem ersten Tag ist Oberleutnant Schmidt von der unwürdigen Posse derart angewidert, dass er den für die Flakwaffen verantwortlichen Generalleutnant von Rantzau bittet, vorzeitig nach Bernau zurückkehren zu dürfen. Ob er dem Vorgesetzten seinen ehrlichen Grund nennt oder seinen Neugeborenen Walter ins Feld führt, ist offen. Jedenfalls wird dem Gesuch stattgegeben.

Unabhängig von dieser verfrühten Heimreise braut sich Unheil über Helmut Schmidt zusammen. Offensichtlich hat er bei einem der Offiziersabende zu freimütig über seine Ressentiments dem Hitlersystem gegenüber geplaudert und zu offenherzig über Hermann Göring gelästert. Irgendwelche Ohrenzeugen denunzieren den Hamburger mit dem losen Mundwerk, der sich fast um Kopf und Kragen redet. Konsequenz: Gegen ihn wird ein Ermittlungsverfahren wegen Wehrkraftzersetzung inszeniert. Solche Untersuchungen werden in diesen Monaten vor Kriegsende in der Regel ohne Federlesen mit Erschießen oder Tod durch den Strang geahndet. Zwei offensichtlich wohlmeinende Oberste des

Helmut Schmidt mit Sohn »Moritzelchen«, der viel zu früh verstarb.

Generalstabs nehmen den jungen Offizier aus der Schusslinie und verschleppen die Untersuchung, indem sie Helmut Schmidt an die Westfront schicken. Er soll die sogenannte Ardennenoffensive unterstützen. Wie befohlen, macht er sich auf den Weg. Wir schreiben fast schon Weihnachten 1944.

Es ist, wie im ersten Kapitel beschrieben, nicht die erste Aufmüpfigkeit des kecken Hanseaten. Schon als Scharführer in Eimsbüttel ist er im braunen System angeeckt, als er wegen Renitenz aus der Hitlerjugend ausgeschlossen wird. Zur Erinnerung: In aufsässiger Sturm- und Drangzeit tünchte er aus Wut einen Spruch an die Wand des Versammlungssaals, der aus einem nationalem Lied stammt: »Freiheit ist das Feuer, ist der helle Schein, solang sie noch lodert, ist die Welt nicht klein.« Diese Zeilen stammen aus der Feder des Liedermachers Hans Baumann, eines Mannes, der selbst in der NSDAP war, sich sogar um Mitgliedschaft in der SS bemühte – und nach Kriegsende Karriere machte. So weit, so schlecht.

Derweil nimmt das Unheil in der Bernauer Baracke, in der Loki Schmidt mit dem kleinen Helmut Walter Moritz haust, seinen traurigen Lauf. Das Baby erkrankt an Gehirnhautentzündung, hat hohes Fieber, wird von Krämpfen geschüttelt. Natürlich gibt es in diesen Wochen des totalen Zusammenbruchs keine Antibiotika und keine medizinische Versorgung für die Zivilbevölkerung mehr. Es ist wie in einem Albtraum: Hilflos sitzt Loki Schmidt in der unbeheizten Kemenate auf dem Lande, wischt ihrem kleinen Moritzelchen Schweiß von der Stirn, streichelt den armen Wurm – und sieht ihm voller Verzweiflung beim Sterben zu. Am 26. Februar, einem eiskalten Wintertag unmittelbar vor der bedingungslosen Kapitulation, haucht das Kind sein Leben

Blick auf das Rathaus und den Marktplatz von Bernau (1932).

aus, auf den Tag acht Monate nach der Geburt. Die entsetzte Mutter ist zu sehr entkräftet, um noch weinen zu können. Und Ehemann Helmut ist an der Front. Lebt zumindest er noch?

Ganz allein auf sich gestellt, glückt es Loki irgendwie, einen Vertrauten in der Umgebung zu informieren. Es ist der Arzt Dr. Arnold, mit dessen Familie sich die Schmidts zuvor in Bernau bei Musikabenden trafen und sich anfreundeten.

Kleiner, jedoch bemerkenswerter Einschub: Den drei Kindern der Arnolds, eines von ihnen schwerstbehindert, glückt nach dem Krieg die Flucht aus der DDR in die Bundesrepublik. Ermöglicht übrigens durch gefälschte Papiere, für die Helmut Schmidt verantwortlich zeichnet, wohlgemerkt der Innensenator Helmut Schmidt. Das Trio wird just an dem Tag in Hamburg-Langenhorn eintreffen, an dem Schmidt bei einer Tagung in West-Berlin weilt – und in Hamburg die große Sturmflut für Angst und Schrecken sorgt.

Nun, Ende Februar 1944, leisten die Arnolds ihren Beitrag wahrhaftiger Nächstenliebe: Dr. Arnold braust trotz Kriegswirren und extremen Glatteises in das Dorf, in dem Loki mit dem toten Kind sitzt. Er findet eine am Boden zerstörte, restlos übernächtigte Person vor. In einem Luftschutzkeller findet sie Unterschlupf, ein wenig Nahrung und heißen Tee.

Mit Dr. Arnolds Unterstützung treibt Loki Schmidt einen kleinen, weißen Sarg für das tote Baby auf. Noch Jahre später erscheint ihr in Träumen die dann folgende Szenerie: Auf einem Leiterwagen wird der weiße Sarg zum Dorffriedhof nach Schönow bei Bernau gebracht. Auf beiden Seiten der Allee stehen Pappeln, die ersten Knospen glänzen in der Februarsonne. Es sind Momente, welche sie Seele auch nachträglich frösteln lassen.

Für derartige Gefühlsregungen indes ist keine Zeit. Die Sowjets rücken auf Berlin vor, nachts hört Loki die Panzer vor Bernau. Allerhöchste Zeit zur Flucht. Mit einem Beutel voller Habseligkeiten fährt sie mit dem Zug von Berlin nach Hamburg. Drei Tage dauert diese Strapaze, immer wieder unterbrochen von Fliegeralarm und anderen Stopps. Spätabends trifft sie in der Hansestadt ein und erwischt noch eine Eisenbahn Richtung Cuxhaven. Mitten in der Nacht erreicht sie Neugraben und läuft in der Dunkelheit zur Hütte, in der ihre Eltern und Geschwister untergekommen sind. Unerklärliches Phänomen: In der kleinen Behausung hat Mutter Gertrud ein Talglicht entzündet. »Warum?», begehrt Vater Hermann zu wissen. Die Antwort: »Weil Hannelore kommt, ich spüre es.« Es muss so etwas wie der siebte Sinn sein.

Überglücklich schließen die Eltern ihre älteste Tochter in ihre Arme. Weitere Bange kann dieses erlösende Gefühl nicht nehmen. Lebt der kleine Bruder Christoph noch? Geht es Helmut gut? Beide sind an der Front, in das buchstäblich letzte Gefecht verwickelt.

Sage und hiermit schreibe 13 Feldpostbriefe mit der Hiobsbotschaft von Moritzelchens Tod schickt Loki ihrem Ehemann, doch erst der letzte erreicht ihn. Wo auch immer. Helmut entrinnt dem Tod, erhält von einem verständnisvollen Vorgesetzten Urlaub auf Ehrenwort, marschiert ostwärts gen Heimat. In einem Waldstück bei Soltau wird er von zwei britischen Soldaten entdeckt und festgenommen. Es ist der 24. April 1945. Schmidt wird in das britische Lager 2226 in Belgien gebracht.

Gefangen, aber gerettet.

Lokis Leidenschaft als Lehrerin

Was ihr in Kindheit und Jugend vonseiten weitsichtiger Eltern und einer engagierten Schule sinnvoll widerfuhr, gab Loki als leidenschaftliche Lehrerin weiter. Freies Denken, Herzblut und Visionen prägten ihre Berufszeit. Und viel mehr …

Auf in die Zukunft: die junge Lehrerin Loki mit ihrer Klasse vor dem Oevelgönner Fährhaus (Juni 1950).

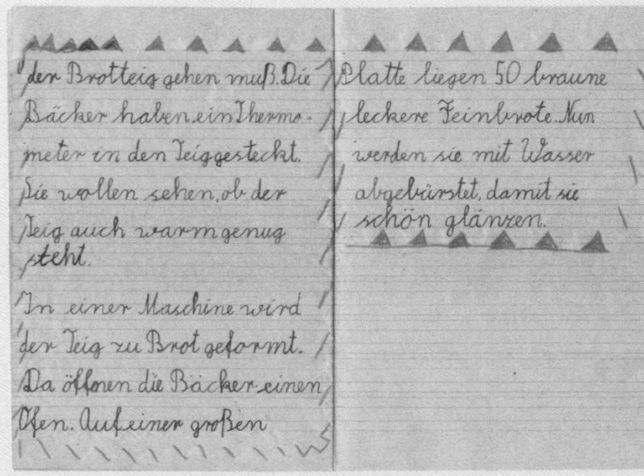

der Brotteig gehen muß. Die
Bäcker haben ein Thermo-
meter in den Teig gesteckt.
Sie wollen sehen, ob der
Teig auch warm genug
steht.
In einer Maschine wird
der Teig zu Brot geformt.
Da öffnen die Bäcker einen
Ofen. Auf einer großen
Platte liegen 50 braune
leckere Feinbrote. Nun
werden sie mit Wasser
abgebürstet, damit sie
schön glänzen.

Ringelreihen kurz vor Ostern 1949.

Helmut Schmidt besucht
seine Frau während
einer Klassenreise in Mölln
(Juni 1953).

Loki in der Schule Hirtenweg
(Frühjahr 1953).

Die Schüler hatten Vertrauen zu ihrer engagierten, herzlichen Lehrerin.

Oben: Klassenreise nach Mölln.

Oben rechts: Toben war beliebter als Büffeln.

Unten: Loki mit einer Mutter bei einem Stegreifspiel in der Freiluftschule Köhlbrand (August 1961).

4

1945 – 1961

Helmut ist in Kriegsgefangenschaft, und Loki flieht vor den Russen. Nach Kriegsende ertönt plötzlich ein Pfiff vor ihrer Hütte in Neugraben: ditt-ditt-ditt-dütt-dütt-dütt. Ihr Ehemann ist zurück! Dann geht's vorwärts, mit großen Schritten …

Hoffnung in spartanischem Umfeld.
Wellblechhütten prägten Hamburgs Stadtbild in der Nachkriegszeit.

Die stolze Hansestadt ist am Boden zerstört.
Luftangriffe im Frühjahr 1945 zerlegen die Neustadt,
nur der Michel bleibt stehen.

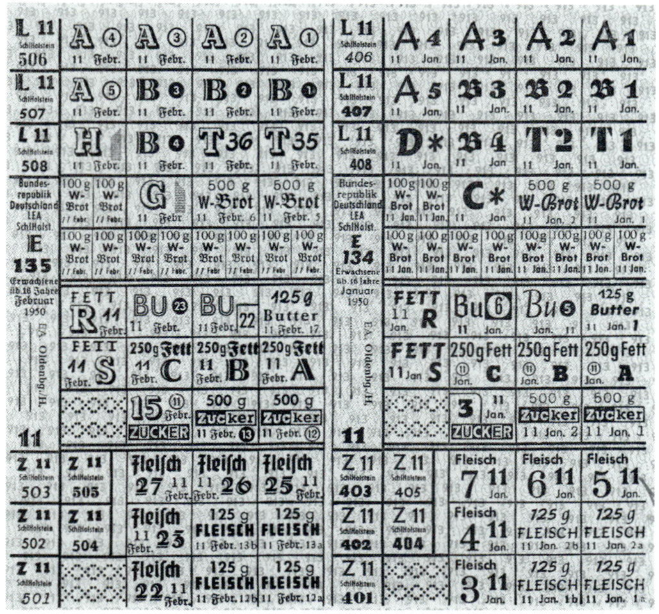

Lebensmittelmarken vom Februar 1950, von Loki Schmidt im Familienalbum verwahrt.

Es ist der 31. August 1945, ein gutes Dreivierteljahr nach Kriegsende. Zwar liegt Hamburg nach wie vor in Schutt und Asche, doch schöpfen die Menschen wieder einen Hauch Hoffnung. Das grausame Kapitel Nationalsozialismus ist, zumindest die Macht betreffend, ad acta gelegt, und im ganz Kleinen blüht das Leben wieder. Die meisten hungern, doch jeder, der kann, packt irgendwo irgendwie an. In den lokalen Zeitungen, die wieder erscheinen, ist von 22 Hungertoten allein in diesem Sommermonat die Rede. Im gleichen Zeitraum werden in der Hansestadt 15 Morde und rund 11 000 Diebstähle und Einbruchsdelikte registriert. Niemand weiß, was die Zukunft bringt. Schlechter jedenfalls als in den Feuer- und Bombennächten kann es nicht werden. Das garantiert die britische Besatzungsmacht, die 1200 Kalorien pro Kopf verordnet. Zu wenig zum satten Leben, zu viel zum Sterben …

In der Behausung der Familie Glaser in Neugraben, mehr Gartenlaube als Wohnung, wohnen mehrere Menschen unter erbarmungswürdigen Zuständen auf wenigen Quadratmetern ohne Strom und Wasser. Den anderen in der Nachbarschaft ergeht es nicht besser. Einer unterstützt den anderen, so gut es geht. Zwar geht's meist schlecht, mangels Masse, doch werden Nächstenliebe und anpackende Hilfsbereitschaft großgeschrieben in den Wochen politischer Befreiung und wirtschaftlicher Armut. Den Tag der Kapitulation am 8. Mai haben Gertrud und Hermann Glaser mit ihren Töchtern als Erlösung begriffen: Gemeinsam wurde jubiliert und getanzt. Zwölf desaströse Jahre, in denen die Moral mit Füßen getreten, missliebige Menschen vergast oder an Klavierdrähten und Fleischerhaken erhängt wurden, gehören der düsteren Vergangenheit an.

Ob Lokis jüngerer Bruder Christoph irgendwo in einem Massengrab liegt oder das relative Glück hat, wie Hunderttausende andere deutsche Soldaten in einem Gefangenenlager gelandet zu sein, weiß die Familie nicht. Dagegen hat Loki Schmidt mit einem Stoßseufzer zur Kenntnis genommen, dass Ehemann Helmut am Leben ist. Auf Irrwegen hat sie ein gefalteter Notizzettel erreicht, auf dem mit schwacher Schrift die erlösende Botschaft gekrickelt ist: »Gefangen genommen, aber ich lebe. Helmut.« Wie seinerzeit üblich, ist kein Raum für Egoismus, einer reicht dem anderen die Hand, und so gelangt der Schmierzettel auf Umwegen ans Ziel Neugraben. Am Ende der Reise wird er von einem Lkw geworfen, ein guter Mensch liest ihn von der Straße

Zwei Monate vor Kriegsende liegt Hamburgs Innenstadt in Schutt und Asche.

auf, gibt ihn weiter. Mehr Informationen indes hat die jetzt 26 Jahre alte Ehefrau nicht.

So weiß sie nicht, dass Helmut seines Glückes Schmied ist und sich quasi mit eigener Kraft aus dem belgischen Gefangenenlager in Jabbecke, etwa 15 Kilometer vor Ostende errichtet, befreien kann. Es ist eine Befreiung mit Köpfchen – und mit »Schnauze«. Denn unter Billigung und Aufsicht der Alliierten haben die internierten Soldaten so etwas wie eine »Lager-Universität« gegründet. Bei karger Kost, meist nur trocken Brot und dünne Kohlsuppe, sollen zumindest in Ansätzen demokratisches Verständnis und Bildung gefördert werden. Dazu zählen Vorträge in den eigenen Reihen. Drei ausgewählte Offiziere, unter ihnen der Hamburger Helmut Schmidt, halten Referate vor den Kameraden.

Aufgabe des rhetorisch versierten Norddeutschen ist es, Eindrücke seines Besuchs beim Schauprozess gegen die Hitlerattentäter Ende 1944 in Nürnberg zu schildern. Bei seiner Rede beschreibt Schmidt den Volksgerichtshof-Präsidenten als Hetzer und widerwärtigen Mann. In etwa fügt er hinzu, dass er diesen am liebsten umgebracht hätte. Ob diese Äußerungen, von britischen Gewährsleuten der Lagerkommandantur gesteckt, zur überraschenden Wende beitragen? Denn wenig später, am 29. August 1945, werden nur drei der Internierten in die Freiheit entlassen, unter ihnen Helmut Schmidt. Der Rest muss in ein französisches Bergwerk und wird erst zwei Jahre darauf freigelassen.

Helmut Schmidt hat die grausamste Zeit seines Lebens hinter sich. Als ihn die Wochenzeitung »Zeit« Jahrzehnte später auf dieses Thema ansprach, entgegnete Schmidt: »Die dramatischste Szene, die ich je erlebt habe, war gegen Ende des Krieges. Ich war inzwischen Oberleutnant und Batteriechef. Wir waren im Rückzug aus der Ardennen-Offensive begriffen. Wenn wir ein Flugzeug abgeschossen hatten, mussten wir sofort raus aus unserer Stellung, weil sie dann von der amerikanischen Artillerie in Schutt und Asche gelegt wurde.

Ich hatte schon ein paar Soldaten verloren, da kriegte einer eine Artilleriegranate ab, die ihm im Unterleib explodierte. Der Mann schrie schrecklich, und die Sanitäter, die wir hatten, trauten sich nicht an ihn heran. Ich war der Vorgesetzte, also habe ich das gemacht. Ich habe den Mann verbunden, und wir haben ihn noch bis zum Hauptverbandsplatz geschafft, aber da ist er dann am selben Tag noch gestorben.«

Passé, dieses Grauen, Gott sei Dank. Ad acta legen kann man solche Erinnerungen niemals. Mit einem Militärtransporter wird der Hamburger zum Entlassungslager nach Bad Segeberg nördlich seiner Heimatstadt gebracht. Für ihn ist der Zweite Weltkrieg vorbei. An der Seite seines Cousins Heinz Koch, den er zufällig trifft, macht er sich auf den Weg an die Elbe. Es ist ein anstrengender, jedoch von enormer Zuversicht geprägter Fußmarsch. Sehr nahe ist nun das Glück!

Am 31. August erreicht er Neugraben. Es ist ein Freitag. Loki ist gerade in der Wohnung mit Hausarbeit beschäftigt, als sie ihren Ohren nicht traut. Von draußen hört sie einen Pfiff, einen höchst vertrauten Pfiff, den Familienpfiff: ditt-ditt-ditt-dütt-dütt-dütt. Ihm liegt ein volkstümliches Trinklied zugrunde, das in verschiedenen Varianten existiert und auch im Karneval geschmettert wird: »Ich möcht' mein Schnäpschen haben, ist das nicht fei-fei-fein, nur der Branntwein, nur der Schnaps.« Gepfiffen wurde die Melodie in guten, alten Zeiten.

»Viele kamen in Blechbaracken unter. Drinnen für mehrere Personen nur ein einziger Propangasherd, mit Glück ein Wasserhahn, am Boden Strohsäcke als Matratzen. Das Klo befindet sich vor der Tür.«

Lokis Herz macht den vielleicht größten Hüpfer ihres Lebens, aufgeregt eilt sie vor die Tür. Barfuß, so wie sie ist. Dort steht Helmut leibhaftig, unter Birken, die beiderseits des Weges vor der Bude stehen. Ein Mensch aus Haut und Knochen, indes vergnügt. Was beide in diesem Augenblick empfunden haben, werden sie später immer wieder gefragt. Unisono lehnen sie die Antwort ab. Ob sie nicht können oder nicht wollen, bleibt ihr Geheimnis. Und das ist auch gut so. Weil es einfach Gefühle gibt, die zu intim, zu gewaltig sind, um in Worte gefasst werden zu können. In einem Interview im hohen Alter gibt Helmut Schmidt an, lediglich zweimal in seinem Leben so richtig heftig geweint zu haben. Es wäre eine Überraschung, wenn dieser letzte Augusttag nicht dazugehörte.

Andere Details dieses von enormen Gefühlswallungen gekennzeichneten Wiedersehens dagegen sind bekannt. Viel später, seelisch wieder in Balance, amüsiert sich Loki immer noch über das Aussehen ihres Gatten. Er trägt eine Hose (»ein Mittelding zwischen Badehose und Shorts.«) aus festem, grünem Tarnstoff, mit grauer Strumpfwolle im Lager selbst zusammengenäht. Statt eines Reißverschlusses vorn, den es natürlich nicht gibt, wird das Kleidungsstück mit einem großen Knopf notdürftig zusammengehalten. »Zum Schießen«, wird sie eines Tages schreiben. Wahrscheinlich ist Humor ein vortreffliches Mittel, unfassbaren Emotionen auch im Nachhinein Herr zu werden.

Über Hose und Hemd trägt der Heimkehrer einen abgetragenen Militärmantel aus Leder, in dem Schusslöcher zu erkennen sind. Dieses Teil wird Helmut Schmidt auch zu einem weiteren markanten Zeitpunkt tragen: während der Sturmflut knapp 17 Jahre später. Anschließend hat der Mantel ausgedient.

Die ersten Stunden vergehen wie im Rausch, bevor praktische Gedanken Einzug halten. Abertausende Hamburger sind ohne feste Bleibe. »Viele kamen in Blechbaracken unter«, erinnert sich Loki Schmidt an die direkte Nachkriegsepoche. »Drinnen für mehrere Personen nur ein einziger Propangasherd, mit Glück ein Wasserhahn, am Boden Strohsäcke als Matratzen. Das Klo befindet sich vor der Tür.« Zwei, drei Familien leben auf diese Weise in einer Behausung. Ein unsägliches Gedränge ist die Folge. Um den Menschen zumindest ein wenig Intimität zu bescheren, werden Wolldecken, soweit vorhanden, mit Wäscheklammern an Seilen aufgehängt. Als Raumaufteiler.

Da die elterliche Hütte nun wirklich zu eng geworden ist, nimmt Loki Kontakt zu einem bekannten Ehepaar auf, das ein Zimmer zu vermieten hat. Kurz darauf ziehen Loki und Helmut Schmidt in die Rhenania-Siedlung, ebenfalls in Neugraben. Dieses schlichte Bauprojekt ist zwischen 1936 und 1938 am Falkenbergsweg in der Fischbeker Heide errichtet worden. Im Groß-Hamburg-Gesetz werden auch Neugraben und Fischbek der Hansestadt zugeordnet. 1943 errichtet die Baubehörde auf dem Areal Baracken und Betonfertighäuser für Ausgebombte. Diese Angaben sind der Chronik des lokalen Schützenvereins entnommen, der in rührender Kleinarbeit einige Details der Vergangenheit rekonstruierte.

Der Raum des Ehepaars Schmidt bei Lokis Bekannten ist nur wenige Quadratmeter groß, doch verfügt er über vier stabile Wände und eine Tür zum Abschließen. Ungeheurer Luxus also. Zusammen mit Hermann Glaser zimmert Helmut ein Bettgestell aus alten Brettern. Irgendwo werden Tücher aufgetrieben, vernäht, mit Stroh gefüllt. Lokis Eltern spendieren einen Koch-

Wie sollte man über den Winter kommen? Ohne Kohlenklau ging für viele gar nichts.

topf sowie einen Teller. Das war's. Der »Umzug« kann vollzogen werden. Erstmals nach der während der »Operation Gomorrha« zerstörten Wohnung in der Gluckstraße zu Barmbek haben die Schmidts wieder ein eigenes Zuhause.

Mit diesem Refugium als Basis können weitere Unternehmungen angepackt werden. Da es weder Bargeld noch andere Wertgegenstände als Tauschobjekte für den in der Hansestadt immer turbulenteren Schwarzmarkt gibt, wird improvisiert. Auch Helmut ist aktiv, wenn es an den Bahngleisen in der Nähe die jetzt zum Winter 1945/46 so heiß begehrten Kohlen abzustauben gibt. Wenn der Rohstoff von den Waggons fällt. Und bei langsamen Passagen in Kurven hilft bisweilen ein beherzter Sprung.

Not macht erfinderisch. Nie ist diese Volksweisheit treffender als jetzt.

Und nichts ist wichtiger als Brennstoff, um nicht noch erbärmlicher frieren zu müssen also ohnehin schon. Zwangsweise ist demnach neben dem Kohlenklau die kreative Beschaffung von Holz Gebot notleidender Stunde. Auch wenn berittene Polizei ebendies verhindern soll, schlagen die Menschen des Nachts im Hamburger Umland zu. Natürlich auch bei Neugraben. Keine Frage, dass Loki und Helmut mitspielen. Gelegentlich kommen auch Freunde oder Bekannte aus der Stadt, um mit Axt oder Säge, von einem Haushalt zum nächsten ausgeborgt, bei Dunkelheit in Aktion zu treten. Da zu später Stunde keine Rückkehrmöglichkeit besteht, haben die Schmidts nicht selten Übernachtungsgäste. Dann rückt man auf dem selbst gebauten Bett eben enger zusammen. So findet sich auch Helmut manchmal auf der Besucherritze wieder. Das gehört dazu, darüber wird nicht lamentiert.

Schließlich ist alle Energie vonnöten, um auf die Beine zu kommen. Auch beruflich. Da seit dem Bombenhagel im Sommer 1943 alle Hamburger Schulen entweder zerstört oder geschlossen sind, muss sich Loki etwas einfallen lassen. In der Zeit der Entnazifizierung, die ein halbes Jahr dauert und letztlich keine Probleme bereitet, warum auch, arbeitet sie als Putzfrau und Näherin für bescheidenen Lohn. Auch anschließend bessert sie das Familienbudget auf diese praktische Art auf. Das Landhaus »Freude« in den Schwarzen Bergen bei Harburg, in dem die Pädagogin auch Waisenkinder betreut und diese schwere und nervlich belastende Pflicht mit großem Herzen und Einfühlungsvermögen absolviert, wird alsbald geschlossen. Ein Oberschulrat Köhne, den Loki noch aus der Kriegszeit kennt, hat ihr diese Tätigkeit verschafft.

Am Heiligen Abend 1945 erleidet Loki Schmidt eine Fehlgeburt, nach Moritzelchens Tod in Bernau ein weiteres nur schwer zu verarbeitendes Erlebnis. An Schicksalsschläge gewöhnt und mit außerordentlicher Bodenhaftung gesegnet, verdaut sie das Problem auf ihre Art. Leider bleibt es nicht die letzte Fehlgeburt ihres Lebens. Auf dem Gepäckträger sitzend, wird sie von der jüngeren Schwester in ein Hilfskrankenhaus nach Eddelsen gefahren. Die Strapaze dauert eine Dreiviertelstunde. Loki wird in einem großen Raum mit 24 Betten untergebracht. Zum Abendessen gibt es Graupensuppe mit Aprikosen, unvergessen.

Nach vier Tagen ist sie halbwegs wieder auf den Beinen. »Junge Frau, Sie haben einen Wunsch frei«, sagt der betreuende Arzt vor der Entlassung. Und was nennt Loki? Eine Tasse starken Kaffee und eine Zigarette, bitte schön! Dem wird entsprochen.

Frauen nahmen in Empfang, was ihre
Kinder von den Waggons warfen.

1945

1961

Von neuem Lebensmut beseelt, erhält sie Ostern 1946 eine Lehrstelle in Fischbek, in einem Gebäude von 1880. Sie betreut eine zweite Klasse, die sieben- und achtjährigen Kinder sind allesamt ausgemergelt. Als enorme Hilfe erweist sich die von den USA finanzierte CARE-Schulspeisung. Regelmäßig werden große grüne Tonnen mit warmer Suppe angeliefert. Da es praktisch keine Schulmaterialien gibt, ist Improvisationskunst gefragt. So werden dreieckige Papiertüten, wie man sie vom Kaufmann kennt, aufgeschnitten und als Schreibunterlagen verwendet. Kein Problem.

Ein Segen für das Ehepaar Schmidt, dass Loki nun Geld verdient. Helmut kann dies, von ein paar Nebenjobs abgesehen, nicht von sich behaupten. Nach dem Abitur und gut acht Jahren als Soldat muss er beruflich neu durchstarten. Der alte Traum, Architekt und Stadtplaner zu werden, ist nach wie vor präsent. Da diese Studienfächer derzeit in Hamburg nicht angeboten werden, bliebe nur Hannover als Ausweichort. Da allein die Fahrerei viel zu aufwändig und teuer ist, entschließt er sich zu einem »Brotstudium«: Hauptsache, zügig zu absolvieren und mit guten Aussichten auf eine Anstellung danach. Ohne dass groß darüber diskutiert wird, ist somit klar, dass Loki für lange Zeit Alleinverdienerin ist und ihren Ehemann ernähren muss. Bevor viele Jahre später in Wohlstands-Deutschland über die aktive Frau im Beruf debattiert wird, setzen die Schmidts diese Form der Beziehung in die Tat um.

Suppe aus dem Blechnapf: Hamburger Kinder bei einer Schulspeisung.

SDS-Funktionär Helmut Schmidt (Mitte, helles Oberteil) mit ausländischen Studenten (1948).

Anfang des Studiums

Davor allerdings steht die Immatrikulation, kein leichtes Unterfangen in einer Zeit, in der viele junge Menschen studieren wollen, die Hochschulen indes noch dürftig ausgestattet sind. Als einer von 2000 von insgesamt 12 000 Bewerbern erhält Helmut Schmidt den Zuschlag. Auf zu neuen Ufern! Unter der Leitung des Direktors Emerich Wolff, eines renommierten Anglisten, bieten eine Reihe angesehener Professoren Vorlesungen und Kurse an. Schmidt schreibt sich in den Fachbereichen Volkswirtschaftslehre und Staatswissenschaften ein. Dort lernt er, aber erst im dritten Semester, den späteren Wirtschafts- und Finanzminister Karl Schiller sowie den Sozialphilosophen Eduard Neumann kennen und schätzen. In einem Park vor dem Uni-Hauptgebäude an der Edmund-Siemers-Allee trifft er seinen späteren Freund Karl Wilhelm »Willi« Berkhan. Dieser wird später nicht nur Wehrbeauftragter des Bundestages und parlamentarischer Staatssekretär unter Verteidigungsminister Helmut Schmidt, sondern auch Nachbar der Schmidts am so geliebten Brahmsee sein. Immer häufiger wird sich der nunmehr begründete Kreis in seinem weiteren Leben schließen.

Von Ehrgeiz und Wissensdurst beflügelt, büffelt der Studiosus in diesem Wintersemester 1945/46 wie ein Weltmeister. Parallel ergeben sich in den Seminaren und auch in der Mensa immer wieder heftige Diskussionen über die politische Weichenstellung in Deutschland. Viele der Studenten hängen nach wie vor stark nationalen Idealen nach, und gewiss nicht jeder hat sich innerlich vom Thema Nationalsozialismus verabschiedet. Langjährige Indoktrination lässt sich eben nicht ohne Weiteres ausradieren.

Helmut Schmidt will mehr, er will die Chance des Neuaufbaus nutzen. Bei diesen Debatten im Kommilitonenkreis kann er sich ereifern, entdeckt jedoch auch sein Geschick, andere zu überzeugen und argumentativ auf seine Seite zu ziehen.

Schlüsselerlebnis ist am 11. August 1946 eine Wahlkampfrede des in der Nazizeit erst nach Österreich, Frankreich, China und anschließend in die USA emigrierten und nach der Kapitulation heimgekehrten Max Brauers in Planten un Blomen. Altonas Oberbürgermeister während der Weimarer Republik, ein Sozialdemokrat mit Herz, Seele und Verstand, hält eine flammende Ansprache, die Menge ist wie elektrisiert. 80 000 Hamburger skandieren wie aus einem Munde: »Max, bleib hier!« Denn noch ist Brauer, übrigens Sohn eines Glasbläsers aus »Mottenburg« (Ottensen), amerikanischer Staatsbürger. Helmut Schmidt stimmt lauthals ein. Männer dieses Formats, so schießt es ihm durch den Kopf, können Hamburg und Deutschland nach vorn bringen. Er entschließt sich, der Sozialdemokratischen Partei Deutschlands beizutreten.

Basis erster politischer Kärrnerarbeit ist Neugraben, der Wohnort. Abends knien Loki und Helmut Schmidt mit einigen Genossen in einem kargen Raum in ihrem Bezirk und malen Parolen auf Makulaturpapier. Es sind die ersten Wahlplakate des jungen Deutschlands, an gedruckte Poster ist gar nicht zu denken. Und letztlich ist es das sozialdemokratische Urgestein Walter Waedow, das Helmut Schmidt an die SPD heranführt. Bei der ersten freien Wahl zur Hamburgischen Bürgerschaft am 13. Oktober 1946 schneidet die SPD als stärkste Partei ab und zieht mit 83 Abgeordneten in das 120 Sitze umfassende Parlament ein. Max Brauer wird Erster Bürgermeister. Zwei Jahre

Heiße Debatten mit Kommilitonen des SDS in Barsbüttel (April 1948).

später tritt Helmut Schmidts Professor Karl Schiller das Amt als Wirtschaftssenator an.

Schmidt hat Feuer gefangen. In Neugraben wird er zum Sprecher der Arbeitsgemeinschaft der Jungsozialisten innerhalb der SPD gewählt und im Sommersemester 1947 zum Hamburg-Chef des in dieser Zeit noch zahmen Sozialistischen Deutschen Hochschulbundes bestimmt. Es folgt der Aufstieg zum Bundesvorsitzenden dieser Organisation. Im Dezember 1947 kommt es in Hannover zum ersten Treffen mit dem charismatischen SPD-Boss Kurt Schumacher. Eine steile Karriere beginnt.

Helmut Schmidt fährt doppelgleisig. 1948 erstellt er einen Forderungskatalog für eine Reform der Universität, 1949 schafft er sein Staatsexamen zum Diplom-Volkswirt. Thema der Diplomarbeit: »Die japanische Währungsreform im Vergleich mit der deutschen.« Denn im Juni 1948 wurde die D-Mark eingeführt. Deutschland rüstet sich für ein Wirtschaftswunder.

Parallel tut sich familiär Entscheidendes: Im Mai 1947, vier Jahre nach dem Tod ihres Erstgeborenen Helmut Walter Moritz im fernen Bernau bei Berlin und einer Fehlgeburt in der Nachkriegszeit, kommt mit Susanne ein gesundes Kind zur Welt. Endlich! Loki ist jetzt quasi rund um die Uhr im Einsatz. Sie umsorgt ihr Töchterchen liebevoll und organisiert als Lehrerin zudem den Unterhalt der nunmehr dreiköpfigen Familie Schmidt. Da alles schwer unter einen Hut zu bringen ist, muss die taffe Jungmutter improvisieren. Klaglos und anpackend erledigt sie dies, wie immer.

Morgens füllt sie heiße Milch in ein Fläschchen und packt dieses in eine Windel. Zwölf davon hat sie auf Bezugsschein erhalten. Die so ein bisschen vor dem Abkühlen geschützte Baby-

Jetzt steht das Glück auf sechs Beinen: Loki und Helmut Schmidt mit Tochter Susanne auf dem Balkon der Wohnung Corinthstraße (April 1948).

flasche verstaut sie im Kinderwagen und macht sich hurtig auf den Fußweg von Neugraben durch die Heide nach Fischbek. Dort atemlos eingetroffen, stellt sie den Kinderwagen unter einem Fliederbusch vor der Grundschule ab und eilt in ihren Klassenraum. Durch das Fenster hat sie alles im Blick. Und in den Pausen übernehmen Kollegen die Aufsicht. Hunger müssen die Schmidts nicht leiden, auch wenn das Leben bescheiden verläuft. Helmut bessert die klamme Haushaltskasse auf, indem er für Vorträge kleines Honorar kassiert und Firmen beim Ausfüllen ihrer Steuerunterlagen hilft.

1949 ist ein ereignisreiches Jahr. Am 23. Mai tritt das Grundgesetz der Bundesrepublik Deutschland in Kraft. Helmut hat sein Examen in der Tasche, und Loki erhält eine Lehrstelle in der Schule Othmarscher Kirchenweg im Westen Hamburgs. Inzwischen haben die Schmidts Neugraben verlassen und eine kleine Wohnung an der Lindenallee 22 nahe der Elbchaussee bezogen. Wahrscheinlich handelt es sich um die heutige Corinthstraße. Für beide liegt das näher, sie sparen eine Menge Fahrtzeit. Erstmals gehört eine eigene Küche dazu. Abends sitzt Loki im Wohnzimmer und näht Kleider für Susanne. Sie ahnt nicht, dass die Kleine das einzige Kind bleiben wird; denn fünf Fehlgeburten folgen. Irgendwann erforscht eine Gynäkologin die Ursache: Loki leidet an Toxoplasmose, einer tückischen Infektionskrankheit.

Die Familie weiß die Geborgenheit und den gewissen Komfort der neuen Wohnung zu schätzen. Noch indes ist gar nicht klar, ob die Schmidts in ihrer Heimatstadt bleiben können. Weil sich Helmuts Jobsuche nicht einfach gestaltet. Erfolglos spricht er in der Redaktion des »Hamburger Echo« vor, einer während der Weimarer Republik gegründeten, sozialdemokratisch geprägten Zeitung. Sie veröffentlichte zuvor einige Artikel Helmut Schmidts, doch wird sein Gesuch abgeschlagen. Ob ein bestimmter Redakteur des Blattes, der in Dresden geborene frühere Kommunist Herbert Wehner, an dieser Entscheidung beteiligt ist, bleibt unklar. Helmut Schmidt ist schon jetzt ein Politiker mit Ecken und Kanten, der offen seine Meinung sagt und auch forsche Thesen von sich gibt. Dass der von den Genossen später »Onkel« gerufene Wehner noch eine wichtige Rolle in seinem Leben spielen wird, ahnt Schmidt natürlich nicht. Beide lernen sich erst später schätzen.

Da er jedoch schon jetzt über ein hilfreiches Netzwerk verfügt, klappt es doch noch mit der Festanstellung: Noch 1949 wird Helmut Schmidt zunächst zum Referenten, anschließend

Bundesrepublik Deutschland,
wir kommen! (1948)

zum Leiter der wirtschaftspolitischen Abteilung in der Behörde für Wirtschaft und Verkehr ernannt. Oberster Chef ist Senator Karl Schiller, Helmuts früherer Professor für Nationalökonomie. Das Büro befindet sich in den Großen Bleichen, vis-à-vis des damaligen Ohnsorg-Theaters. Schmidt pflegt nur ungern mit dem Paternoster in seine Amtsstube zu fahren. »Ich hatte Angst, dort irgendwann auf dem Kopf zu stehen«, erinnert er sich später.

Auch wenn der Mann weiter hoch erhobenen Hauptes durch Hamburg geht, ist der Verbleib in der Hansestadt immer noch nicht sicher. Am Schreibtisch über Akten zu sitzen ist nicht recht nach dem Geschmack einer Persönlichkeit, die es immer schon hinaus in die weite Welt zog. Und nachdem 1939 die Bewerbung bei der Deutschen Shell mit Aussicht auf Indonesien wegen des Kriegsausbruchs nicht realisiert werden konnte, ergibt sich 1950 eine weitere, überraschende Option.

Im Auftrag des Senats und der Wirtschaftsbehörde fliegt Abteilungsleiter Schmidt in die USA. Auftrag: Bei einer Messe in Hamburgs heutiger Partnerstadt Chicago Werbung für den Hamburger Hafen zu machen. Da ohnehin schon vor Ort, stattet er seinen Verwandten in Duluth in Minnesota einen Besuch ab. Onkel August hat es in der neuen Welt zu einem gemachten Mann gebracht und rät seinem Neffen, diesem Beispiel zu folgen. Er könne, so das Angebot, auf der Stelle einen erstklassigen Job in seiner Eisengießerei übernehmen.

Ein Besuch des florierenden Unternehmens und ein Blick auf seinen wohlhabenden, höchst zufriedenen Onkel wirken verführerisch. Wieder daheim in Othmarschen wägt er gemeinsam mit Loki das Für und Wider eines Landeswechsels ab. Loki ist skeptisch, der von einer Portion Abenteuerlust und Wagemut inspirierte Helmut hin- und hergerissen. Begeistert berichtet er seiner Ehefrau von Einzelheiten. In Onkel Augusts Betrieb wirkten etwa ein Dutzend Mitarbeiter – und jeder hatte ein eigenes Auto auf dem Hof stehen. Für einen Mann aus dem im Vergleich armen Hamburg ist dies eine hochgradige Verführung. Auch mit Rücksicht auf die nunmehr dreijährige Susanne und Lokis krisensichere Stellung als Lehrerin wird der Auswanderungsplan letztlich verworfen.

An dieser Stelle sei einer von zwei Einschüben gestattet.

Einer, weil so herzerfrischend amüsant, bezieht sich auf die tollen Autos in Minnesota. Offensichtlich hat Helmut Schmidt in jungen Jahren ein Faible für solchen Luxus – kein Wunder nach den Entbehrungen zuvor. Einige Jahre später gönnt er sich in der Tat Außerordentliches, eine Ausnahme in seinem Leben. Da Loki nur 250 Mark im Monat verdient und er nicht sehr viel mehr, beantragt Helmut Schmidt einen Bankkredit über die seinerzeit immense Summe von 5000 Mark. Von diesem Geld leistet er sich einen gebrauchten Mercedes 170 Diesel. Unter dem Strich bewilligt wird das Darlehen von Karl Klasen, dem späteren Präsidenten der Bundesbank. Im Moment der Kreditbewilligung ist Klasen Chef der Norddeutschen Bank. Die Herren sollten sich wiedersehen.

Anmerkung zwei betrifft die immer stärker einsetzende Auseinandersetzung mit dem Nationalsozialismus. Beide Schmidts stellen sich offenherzig dieser Debatte und streiten engagiert wider jene in Lehrerkollegium, Universität und Behörden, die den Einfluss der vergangenen Epoche nicht ganz abschütteln können oder wollen. Während Helmut seinen jüdischen Großvater und die damit verbundene Urkundenfälschung noch drei Jahrzehnte für sich behalten wird, berichtet Loki befreundeten Kollegen

Gemeinsam mit Karl Schiller (Mitte) und Ernst Plate (r.) reist Helmut Schmidt in die USA, um Werbung für Hamburg zu machen.

Ein Unternehmer wie aus dem Bilderbuch: Helmut Schmidt mit Onkel August Hanft in Hibbing, USA (1950).

Wirtschaftswunder auch bei Helmut Schmidt.
Der Mercedes 170 Diesel fährt sich famos (August 1957).

vom erstaunlichen Mut ihrer Familie in gefährlichen NS-Tagen. Gertrud und Hermann Glaser hatten auf dem Boden ihrer Horner Wohnung ein Versteck für jüdische Flüchtlinge eingerichtet. Zwischen Bücherregal, in dem die Titelseiten verbotener Literatur wohlweislich abgerissen waren, und Hauswand verbarg sich ein etwa 80 Zentimeter breites Matratzenlager. Des Nachts kam manchmal jemand aus dem entfernten Bekanntenkreis und verschwand bei Morgengrauen wieder lautlos. Loki wusste von mehreren solcher Fälle zu berichten. Mit ihrem Schwiegervater Gustav Schmidt konnte sie lange nicht über diese Geschehnisse sprechen – und auch nicht über dessen leiblichen Erzeuger, den jüdischen Bankier Gumpel. Erst mit 89 Jahren beendete Helmuts Vater sein Schweigen Loki gegenüber und erzählte von früher. Den dabei getrunkenen, wohl die Zunge lockernden Orangenlikör Cointreau bezeichneten beide fortan als »Opa-Schnaps«.

So, und nun zurück ins Jahr 1953. Helmut Schmidt tourt mit einem VW Käfer durch seine Heimatstadt. Das gute Stück ist gebraucht, stammt noch aus der Vorkriegszeit und schnurrt wie eine Nähmaschine. Nachdem ihm drei Hamburger SPD-Wahlkreise eine Kandidatur angeboten haben, kandidiert Helmut Schmidt dennoch über die Landesliste für den Bundestag. Mit Erfolg. Im Wahlkampf setzt er moderne, in Hamburg bis dato unbekannte Werbemittel ein. Der ihm verbundene Regisseur Gyula Trebitsch dreht einen fünfminütigen Film über den Kandidaten, in dem auch Ehefrau Loki und Tochter Susanne (mit einem von Mutter selbst genähten Blümchenkleid!) eine Rolle spielen. Ein mobiler SPD-Trupp sorgt dafür, dass der Spot bei Dunkelheit an die Wände von U-Bahn-Bögen projiziert wird. Das ist ein echter Hingucker in diesen Wochen.

Eigentlich wollte Helmut Schmidt gar nicht in die Politik gehen.

Kandidat Schmidt im Bundestagswahlkampf 1953.

Die erfolgreiche Bundestagskandidatur lässt vergangenen Frust vergessen. Denn eigentlich wollte Helmut Schmidt gar nicht in die Politik gehen. Vielmehr ist ein einflussreicher, gut dotierter Job in der Wirtschaft sein Ziel. Da kommt es gelegen, dass der Vorstandsvorsitzende der Hamburger Hafen- und Lagerhausgesellschaft die Talente des forschen Schmidt erkannt hat und ihn mit Kräften protegiert. Der junge Macher hat größtes Interesse, scheitert aber letztlich am Aufsichtsrat des Unternehmens. Das maßgebende Wort bei dieser Entscheidung hat kein anderer als Karl Schiller. Auch aus diesem Grunde haben beide zwar viel miteinander zu tun, hegen allerdings keine enge Freundschaft.

Zwischenzeitlich sind die Schmidts von der Elbe in eine etwas größere Wohnung am Schwalbenplatz in Barmbek-Nord gezogen. Dieser liegt zwischen Habicht- und Fuhlsbüttler Straße. 1954 geht die »Tour d'Hambourg« eine Station weiter: Im Zickzackweg 6b wieder in Othmarschen, nur ein paar Meter von der Waitzstraße und der S-Bahn dort entfernt, findet die Familie ein gemütliches Reihenhaus, das sich auf einem Reemtsma-Grundstück befindet. Hier ist hervorragend Platz für das Trio und gelegentliche Gäste. Bis 1961 nisten sich Loki, Helmut und Susanne dort ein, bevor das heutige Heim am Neubergerweg in Langenhorn Endstation häuslicher Sehnsucht sein wird. Ermöglicht wird der Kauf des Häuschens in Langenhorn durch den Verkauf des Eigentums am Zickzackweg. Dieses war im Wert erheblich gestiegen. Außerdem legt Helmuts Vater noch 10 000 Mark dazu, seinerzeit sehr viel Geld.

Vom Zickzackweg hat es der Bundestagsabgeordnete nicht weit zum Bahnhof Altona, Startpunkt der Dienstreisen ins Parlament nach Bonn. Loki unterrichtet derweil weiter ihre Schülerinnen in der Grundschule Othmarscher Kirchenweg. Wie zuvor in Fischbek sowie am Bauerberg in Horn ist sie in ihrem Element und hinterlässt bei Kleinen wie Großen bleibenden Eindruck.

»Sie war mit allen Sinnen dabei«, schreibt ihr ehemaliger Grundschüler Thomas Schäfer 2010 in einem Nachruf für die Gewerkschaft Erziehung und Wissenschaft, der die Verstorbene mehr als zwei Jahrzehnte angehörte. Ihm sind speziell ihr Humor und ihr erstaunliches Gedächtnis in Erinnerung geblieben. Und die Herstellung eigener Butter in Lokis Heimatkundeunterricht. Die Mädchen lernen nicht nur beim Handarbeiten Praktisches für ihre Zukunft. Unisono schwärmen sie von einer Lehrkraft, die in Biologie so richtig aufblüht und die auch außerhalb der Stunden ein offenes Ohr für die kleinen oder großen Sorgen des Lebens hat.

Dies zwar nicht persönlich erlebt, aber immer wieder davon gehört hat Schulleiter Arik Gotthardt. Er leitet heute die 1959 gegründete Schule Hirtenweg, eine anerkannte Einrichtung für 206 behinderte Kinder und Jugendliche, die in 21 Klassen von 105 Mitarbeitern betreut werden. Sie liegt abseits des Altonaer Krankenhauses oberhalb des Elbtunnels in etwa dort, wo die Stadtteile Ottensen, Bahrenfeld und Othmarschen aufeinandertreffen. 1824 nahm an dieser Stelle die Volksschule Othmarschen den Lehrbetrieb auf. Die ursprüngliche Schule Othmarscher Kirchenweg wurde nach Lokis Zeit direkt neu nebenan errichtet; sie ist jetzt eine moderne integrative Grund-, Haupt- und Realschule.

An Loki Schmidts 13 Jahre vor Ort erinnert ein weißer Altbau. Dieser steht weitgehend leer, oben wohnt der Hausmeister. Ein Besuch in dem Gebäude, in dem die spätere Kanzlergattin

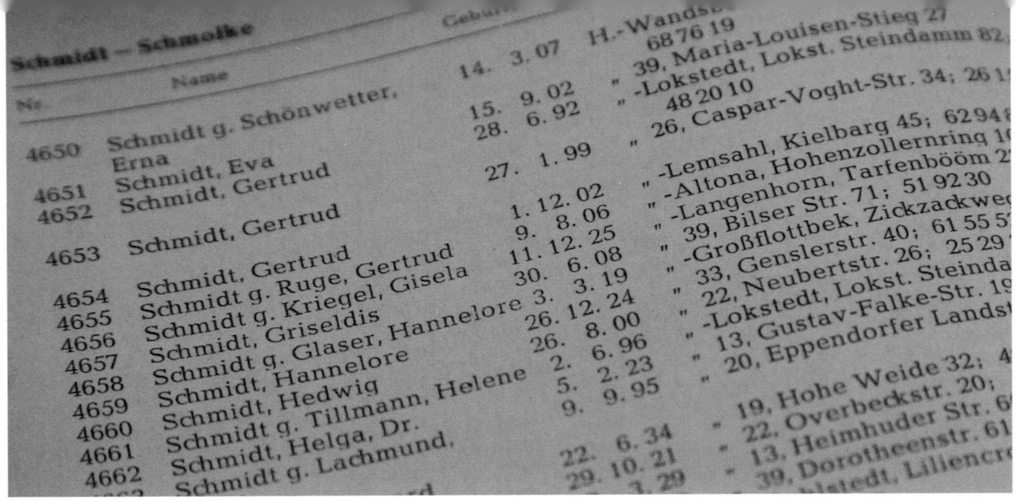
Schmidt – Schmolke
Nr. Name
4650 Schmidt g. Schönwetter, Erna 14. 3. 07 H.-Wandsb. 68 76 19
4651 Schmidt, Eva 15. 9. 02 " 39, Maria-Louisen-Stieg 27
4652 Schmidt, Gertrud 28. 6. 92 " -Lokstedt, Lokst. Steindamm 82; 48 20 10
4653 Schmidt, Gertrud 27. 1. 99 " 26, Caspar-Voght-Str. 34; 26 1
4654 Schmidt, Gertrud 1. 12. 02 " -Lemsahl, Kielbarg 45; 62 94
4655 Schmidt g. Ruge, Gertrud 9. 8. 06 " -Altona, Hohenzollernring 1
4656 Schmidt g. Kriegel, Gisela 11. 12. 25 " -Langenhorn, Tarfenböom 2
4657 Schmidt, Griseldis 30. 6. 08 " 39, Bilser Str. 71; 51 92 30
4658 Schmidt g. Glaser, Hannelore 3. 3. 19 " -Großflottbek, Zickzackwe
4659 Schmidt, Hannelore 26. 12. 24 " 33, Genslerstr. 40; 61 55 5
4660 Schmidt, Hedwig 26. 8. 00 " 22, Neubertstr. 26; 25 29
4661 Schmidt g. Tillmann, Helene 2. 6. 96 " -Lokstedt, Lokst. Steinda
4662 Schmidt, Helga, Dr. 5. 2. 23 " 13, Gustav-Falke-Str. 1
Schmidt g. Lachmund, 9. 9. 95 " 20, Eppendorfer Landst
22. 6. 34 " 19, Hohe Weide 32; 4
29. 10. 21 " 22, Overbeckstr. 20;
" 13, Heimhuder Str. 6
" 39, Dorotheenstr. 61

Schmidt geborene Glaser, Hannelore, findet sich im Hamburgischen Lehrerverzeichnis von 1959/60.

glückliche und erfüllende Zeiten verbrachte, lässt die vergangene Zeit für einen Moment aufleben. Schulleiter Gotthardt ermöglicht den Zutritt und weist auf eine uralte Landkarte, die im Flur an der Wand hängt. Sie war Kulisse für eine Fernsehsendung mit Loki Schmidt, in der diese im vertrauten Unterrichtsumfeld interviewt wurde. Auch heute ist hier ein Stück Hamburger Geschichte zu spüren. Die Wände sind grün getüncht, wie zu Lokis Zeiten, die Treppengeländer sind weiß, der immer noch glänzende Resopalboden ist dunkelgrau. In diesem Moment herrscht absolute Stille. Das war früher fraglos ganz anders.

»Zu unseren Schulfesten ist Frau Schmidt regelmäßig erschienen«, sagt Direktor Gotthardt auf dem Rückweg in sein Büro nebenan. Natürlich sei sie stets aufgeschlossen, fröhlich und neugierig gewesen. Was hat sich didaktisch verändert? Wie ist das Klima im Unterricht? Wie geht es den Kindern? Wie ein Wunder hat das alte Schulbuch Jahrzehnte überlebt. Gotthardt zieht die ehrwürdige Chronik aus einem Schrank hervor, blättert gezielt und deutet aus einem Eintrag von vor mehr als 60 Jahren. »Hannelore Schmidt«, steht dort säuberlich notiert. Wohnhaft Zickzackweg 6 b, Telefonnummer 89 20 12. Lokis und Helmuts alte Nummer. Herzlichen Dank, Arik Gotthardt und vielen ehemaligen Schülern und Lehrern, die bei der Recherche für dieses Buch halfen. »Für Loki höchst gern«, hieß es von allen Seiten.

Frühere Kollegen weisen auch den Weg nach Rissen, in die Krimhildstraße 15. Im hellen und freundlichen Seniorenheim der Reemtsma-Stiftung wohnt Hildegard Wandschneider, eine langjährige Kollegin und Vertraute Loki Schmidts, eine ihrer engsten Freundinnen. Die rüstige und vitale Dame feierte im Februar 2011 ihren 92. Geburtstag.

»Wir kannten uns seit 1938«, sagt sie bei Kaffee und Butterkeksen. Erstmals trafen sich die beiden in der Hochschule für Lehrerbildung am Rotherbaum. Alle duzten sich, na klar, sonst aber ergaben sich nicht viele Gemeinsamkeiten. Noch nicht. Aber immerhin wusste Loki Schmidt, die damals noch Hannelore Glaser hieß, von Hildegards heimlichen Treffen im Keller der Petri-Kirche in der Innenstadt. Bei diesen Versammlungen im kleinen Kreis standen religiöse Themen auf der Tagesordnung. Auf keinen Fall durften die Nazis davon erfahren, und das geschah auch nicht. 1940 machten beide das Examen, verloren sich dann jedoch für einige Jahre aus den Augen. »Mit ihren strahlenden Augen und den schwarzen Haaren war sie eine attraktive Erscheinung«, erinnert sich die Kommilitonin. »Loki war ein hübsches Mädchen.«

15 Jahre später, im Herbst 1955, sah man sich wieder: In der Volks- und Realschule Othmarscher Kirchenweg eben. Hildegard unterrichtete Englisch, Deutsch und Religion, Loki alles Mögliche von Handarbeit bis Biologie. Sie hält sich nicht streng an Lehrpläne, sondern gestaltet ihren Unterricht themenorientiert – zur Begeisterung der Schüler. Mit ihnen unternimmt Loki Exkursionen durch den Hafen, besucht Museen, veranstaltet Lehrspaziergänge durch die Stadt oder lässt die Kinder am Wegesrand Pflanzen ausgraben, die anschließend im Klassenzimmer eingetopft werden. Motto: Beobachten, klären, darstellen. Die Schüler sollen lernen, produktiv und selbstständig zu lernen. Dabei lässt die engagierte Lehrerin besonders außerschulische Inhalten einfließen. Längst hat sie vergessen, dass sie ihr Lieblingsfach Biologie nicht studieren durfte; eine Universität wäre zu teuer gewesen. Nach einigen kollegialen Kabbeleien kam

Lokis langjährige Weggefährtin Hildegard Wandschneider.

es bei einem Lehrerfest 1956 zu einer Aussprache mit Hildegard, bei der Loki in Tränen ausbrach. Beider Verhältnis wurde immer enger, aber bloß nicht überstürzt, wie das in Hamburg so üblich ist. Man traf sich beim Einkaufen in Othmarschen, klönte immer öfter auch über Privates und fand Gefallen aneinander. »Manchmal beendete Loki unsere Gespräche auf der Straße abrupt«, berichtet die Seniorin. »Sie musste dann nach Hause eilen, weil Helmut kam.« Sonst habe Loki stets größten Wert darauf gelegt, bloß keine Politikergattin zu werden, sondern in jeder Beziehung ein eigenständiges Leben zu führen. Mit anderen Mitgliedern des Kollegiums habe sie oft und gern Skat oder Schach gespielt. Alkohol sei nie ihr Ding gewesen, höchstens ein, zwei Gläser Wein bei einer Feier. Viel lieber habe sie über Politik gesprochen, über ihre SPD, der sie 1961 beitrat. Nichts jedoch ging über die Botanik. Leidenschaftlich habe sie von ihren Forschungsreisen nach Südamerika gesprochen oder über neue Pflanzen im Botanischen Garten.

Von 1961 an, mit dem Umzug der Schmidts vom Zickzackweg in ihr Langenhorner Haus, trafen sich die beiden Frauen weiter regelmäßig. Mal daheim bei Hildegard in Rissen, später von Leibwächtern begleitet, mal am Neubergerweg. Auch dort, erzählt sie, sei der Personenschutz umfassend gewesen, besonders während der Bedrohung durch die RAF. Auch beider Kinder, Susanne Schmidt und Jens Wandschneider, hätten Kontakt gehabt.

Jedes Mal erkundigte sich Loki nach Neuigkeiten an ihrer alten, immer noch geliebten Schule. Dort wurde Hildegard Wandschneider 1970 Schulleiterin. Vier Jahre später, in Helmut Schmidts erstem Kanzlerjahr, unternahm sie gemeinsam mit 19 anderen Schulleitern aus Hamburg eine Studienreise in die damalige Hauptstadt Bonn. Dabei standen auch Besuche im Abgeordnetenhaus »Langer Eugen«, in den Ministerien sowie in der SPD-Bundesgeschäftsstelle, der »Baracke«, auf dem Programm. Von Helmut Schmidts Mitarbeiter und Freund Willi Berkhan gab es eine herzliche Umarmung. Obwohl man sich nicht kannte, hatte er von Lokis guter Freundin gehört.

Nachdem schließlich beide Schmidts fest in Bonn wohnten und der Terminkalender dicht gedrängt war, beschränkten sich die Kontakte meist auf Telefonate, lange Telefonate. »Oft mehr als eine Stunde«, erinnert sich Frau Wandschneider. Aber auch dann war irgendwann unvermittelt Schluss: »Helmut kommt nach Hause, ich muss aufhören.« Zuvor ging es auch um sehr Persönliches und um die Probleme, die jede lange Ehe mit sich bringt. Mehr möchte Hildegard Wandschneider dazu aus verständlichen Gründen nicht sagen. Nur so viel: »Letztlich haben sich die zwei immer wieder zusammengerauft.« Ihr Fazit: »Im Alter wurde die Liebe immer inniger, beide verband ungemein viel.«

Zuletzt trafen sich die beiden alten Freundinnen 2006, danach machte die Gesundheit nicht mehr mit, sodass die weiten Fahrten zwischen Rissen und Langenhorn zu anstrengend wurden. Es blieb das Telefon, lang und intensiv. Im Herbst 2010, wenige Wochen vor Lokis Tod, klönten die beiden Vertrauten letztmals miteinander. Einen Tag vor Lokis Ende wollte Hildegard Wandschneider noch einmal zum Hörer greifen: »Ich wollte mich erkundigen, ob es besser geht.« Sie verschob das Telefonat dann doch. So blieb nur die Trauerzeremonie im Fernsehen.

5

1961 – 1974

Die Deiche brechen, Hamburg steht das Wasser bis zum Hals. Als Polizeisenator wird Helmut Schmidt der Katastrophe entschlossen Herr. In atemberaubendem Tempo führt ihn die Karriere an die Spitze der Bundesrepublik Deutschland. Einziger Wermutstropfen: Auch Loki muss nach Bonn ziehen.

Das Wasser steht der Hansestadt bis zum Halse. Vom 16. auf den 17. Februar 1962 sterben 315 Hamburger. Dieses Fotodokument zeigt den Deichbruch an der Harburger Chaussee.

»Wir waren alle mehr als 24 Stunden unentwegt im Einsatz. Teilweise ging mir das Wasser bis zum Hals.«

Im Schlauchboot eilen Retter zu Hilfe – überall treiben Tierkadaver.

Es ist Freitag, der 16. Februar 1962, und über Norddeutschland tobt der Orkan »Vincinette«. Hochwasser bedroht die Küste, aber auch die Flussregionen im Binnenland. Helmut Schmidt, nunmehr 43 Jahre alt und seit knapp zwei Monaten in seiner Heimatstadt Hamburg zum Senator aufgestiegen, macht sich von Berlin aus auf den Heimweg. Zu Hause im Neubergerweg in Langenhorn warten Ehefrau Loki und die 14-jährige Tochter Susanne.

Das Wochenende lockt. Ein bisschen Aktenstudium, Schach spielen, Klönschnack halten, spazieren gehen vielleicht und einfach nur Ruhe tanken. Er weiß noch nicht, dass daheim just an diesem Tag Flüchtlinge aus der DDR angekommen sind: das Arztehepaar Arnold aus der DDR mit seinen drei Kindern. Die obere Etage gleicht einem Matratzenlager.

In West-Berlin hat der SPD-Politiker an einer Innenministerkonferenz teilgenommen und die Gelegenheit genutzt, sich seinen Kollegen aus den anderen zehn Bundesländern vorzustellen. Mancher wundert sich über eine Hamburger Besonderheit: Helmut Schmidt steht der Polizeibehörde vor, die am Karl-Muck-Platz residiert, dem heutigen Brahmsplatz. Eine Innenbehörde, wie wir sie heute kennen, gibt es noch nicht. Die einzelnen Dienststellen sind auf sieben Ämter aufgeteilt. Die Feuerwehr beispielsweise ist der Bauverwaltung angegliedert. Es ist erklärtes Ziel des neuen Senatsmitglieds Schmidt, dieses Organisationstohuwabohu in den Griff zu bekommen. Und ab Juni 1962 wird es dann auch eine einheitliche Innenbehörde geben – und er tatsächlich Innensenator sein. Noch jedoch ist es nicht so weit, und das ist wichtig, um das anstehende Wirrwarr in der Hansestadt zu begreifen.

Bester Dinge also nimmt Schmidt im Fond seines Dienstwagens Platz; der Fahrer steuert Richtung Autobahn. Die Wetterlage hat er zuvor telefonisch abgeklärt. »Büschen stürmisch, aber nicht katastrophal«, hieß es am anderen Ende der Leitung, »ihr könnt losfahren.« Ein bisschen stürmisch ist gut; denn die Passage auf der Transitstrecke durch die DDR ist höllisch. Es gießt in Strömen, Windböen schaukeln den Mercedes hin und her, umgestürzte Bäume blockieren den Verkehr. Die Tour ist so anstrengend, dass sich der Chauffeur und Helmut Schmidt am Steuer abwechseln. Nach Mitternacht treffen beide in Langenhorn ein. Der Senator schließt seine Familie sowie die Arnolds in die Arme. Geschafft!

Derweil alle schlafen, ereignet sich ein paar Kilometer südlich eine Katastrophe. Nicht alle haben die Vorwarnungen ernst genommen. Denn bereits um 20.33 Uhr hatte der NDR Joseph Haydns »Schöpfung« unterbrochen und gemeldet: »Für die gesamte deutsche Nordseeküste besteht die Gefahr einer sehr schweren Sturmflut!« Und Hamburg ist nicht weit.

Um 0.04 Uhr bemerkt Regierungsinspektor Wilhelm bei einem Kontrollgang in der Vulkanstraße, dass die Elbe über die Krone des Köhlbranddeichs läuft. Um 0.14 Uhr ist im Neuenfelder Rosengarten der erste Deich unter dem Druck der überfluteten Elbe gebrochen, weitere folgen. Um 2.05 Uhr bringt der unbändige Strom den Schutzwall in Wilhelmsburg zum Einreißen: Wie eine Badewanne läuft der Stadtteil voll. Gegen vier Uhr in der Frühe sind in Wilhelmsburg 80 000 Menschen vom Hochwasser eingeschlossen. Häuser in Parzellengebieten werden einfach mitgeschwemmt; verzweifelte Menschen klammern sich an Fensterrahmen und Dächern fest. Andere ertrinken und werden von der Flut weggespült, Seite an Seite mit Unrat und Tierkadavern. Die Marke an den St.-Pauli-Landungsbrücken zeigt einen Pegel von 5,70 Meter Wasserhöhe. Dort erinnert noch heute ein Denkmal an die schlimmste Sturmflut, die Hamburg nach 1825 erlebte.

Die größte Katastrophe dieser Katastrophe: Zwar tut vor Ort jeder, was er tun kann, doch ein effektives Krisenmanagement existiert nicht. Im Hauptquartier der Polizei am Karl-Muck-Platz herrscht aufgeregtes Treiben, aber eine Hand weiß nicht, was die andere macht. Aus oben erwähnten Gründen. Und der Boss der Polizeibehörde, Senator Helmut Schmidt, schläft nichts ahnend zu Hause. Informiert wird er nicht. »Der ist noch neu im Amte und kennt sich ohnehin nicht aus«, mögen die einen denken, »der ist bei dem Orkan ohnehin in Berlin geblieben«, die anderen. Und in der geteilten Stadt ist er sowieso nicht zu erreichen. Bis Regierungsdirektor Werner Eilers als Einziger auf die Idee kommt, es einmal daheim bei den Schmidts zu versuchen.

Um 6.20 Uhr klingelt in Langenhorn das Telefon und weckt den Senator. Schmidt schmeißt die nötigsten Klamotten über und eilt unrasiert aus dem Haus. Glück im Unglück: Dort ist, ein Zufall, der Dienst-Mercedes geparkt. Ohne auf Ampeln oder Verkehrsregeln zu achten, mit einem magnetischen, in der Dunkelheit zuckenden Blaulicht auf dem Dach, rast er gen Innenstadt. In zehn Minuten, kurz vor sieben Uhr, hat er sein Ziel erreicht, sprintet in das Polizeigebäude. Was er dort vorfindet, bezeichnet Schmidt im bemerkenswerten Buch »Die Nacht der

Von Helmut Schmidt angeforderte US-Hubschrauber unterstützen die Rettungskräfte.

großen Flut«, herausgegeben von Raymond Ley und erschienen im Ellert & Richter Verlag, als »lauter aufgeregte Hühner«.

In Windeseile lässt sich Helmut Schmidt über das Drama informieren, soweit Einzelheiten bekannt sind. Denn Telefonleitungen sind teilweise zerstört, ebenso wie die Versorgungsleitungen für Gas, Wasser und Elektrizität. Auch im Polizeigebäude fällt der Strom vorübergehend aus, sodass von irgendwo Petroleumlampen organisiert werden müssen. Die Autobahnen sind gesperrt, der Zugverkehr steht still. »Ganz Hamburg ersäuft!«, brüllt ein Offizier mit Tränen in den Augen. In der Tat sind 20 Prozent der Stadtfläche von 220 Millionen Kubikmeter Elbwasser überflutet. Nichts geht mehr.

In diesem Moment des gigantischen Chaos zeigt Helmut Schmidt, was in ihm steckt. Für punkt sieben Uhr beraumt er den ersten Krisengipfel ein. Der erkrankte Bürgermeister Paul Nevermann weilt auf Kur in Bad Gestein und wird erst am Sonntag um 2.30 Uhr aus München kommend in Fuhlsbüttel landen. Schmidt fackelt nicht lange, sondiert die katastrophale Lage, gibt kurze, präzise Anweisungen. Endlich einer, der das Heft in der Hand hat – und der weiß, was er tut.

Kurzentschlossen und instinktiv fällt er genau die richtigen Entscheidungen, wie später von allen Seiten bestätigt wird. Für

Die Wassermassen haben auch Autos mitgerissen.

bürokratische Bedenken, Rangordnungen, den Blick in Gesetzestexte oder Nachfragen bei Juristen oder Verwaltungsexperten ist an diesem frühen Sonnabendmorgen keine Zeit. Folglich schert sich Schmidt nicht um derartigen Ballast und handelt kompetent und »aus dem Bauch raus«. Neben seinen Talenten, den Erfahrungen als Offizier im Zweiten Weltkrieg und seinen Kontakten aus den Jahren in der Wirtschaftsbehörde beweist er die anpackende Kaltschnäuzigkeit und die Chuzpe eines wahrhaftigen Machers. Sogar die politischen Gegner streiten das in der Folgezeit nicht ab.

Selbst die Nato hilft Hamburg

Vor allem verfügt er über exzellente Verbindungen zum Militär. Als Mitglied des Verteidigungsausschusses des Bundestages und Herausgeber eines auch ins Englische übersetzte Buch über Militärstrategie genießt er auf Führungsebenen einen formidablen Ruf. Da am Vormittag des 17. Februar 1962 mit Tausenden von Toten gerechnet werden muss und wegen der überall treibenden Tierkadaver Seuchengefahr besteht, zieht Schmidt sämtliche Register.

Laut Grundgesetz darf die Bundeswehr ob der Erfahrungen aus dem Dritten Reich nicht im eigenen Land eingesetzt werden. Interessiert Schmidt nicht. Kurzerhand nimmt er Kontakt auf mit Nato-Oberbefehlshaber Lauris Norstad, einem guten Bekannten. Der amerikanische Vitersternegeneral wird an seinem Dienstsitz in Fontainebleau im Norden Frankreichs aus der Wochenendmuße gescheucht. Er traut seinen Ohren kaum, als er vernimmt, dass in Hamburg die Welt unterzugehen droht. Aber er kennt Helmut Schmidt und glaubt ihm. »Ich brauche dringend hundert Hubschrauber«, verlangt Schmidt. Er kriegt 90. Gut. Trotz Flugverbots bei den obwaltenden Sturmstärken treffen die Helikopter nach und nach im Luftraum der Hansestadt ein. In abenteuerlichen Rettungsaktionen befreien mutige Soldaten fast ertrunkene und erfrorene Menschen von Bäumen, Masten und Hausdächern.

Parallel nimmt Schmidt Kontakt auf zu einem weiteren Vertrauten, Admiral Rogge, dem norddeutschen Wehrbereichsbeauftragten der Bundeswehr mit Sitz in Kiel. Auch Rogge pfeift letztlich auf seine Vorschriften und sagt prompte Hilfe zu. In Fernschreiben wird zudem das Bundesverteidigungsministerium auf der Hardthöhe in Bonn in Alarm versetzt. »Wir brauchen

Land unter in Wilhelmsburg.

Bundespräsident Heinrich Lübke (Mitte, mit Schal) und Hamburgs Zweiter Bürgermeister Edgar Engelhard sprechen am 18.2.1962 in Kirchwerder mit Einsatzkräften.

umgehend Pioniere, Schlauchboote, Bulldozer«, verlangt Koordinationschef Schmidt in der Hansestadt. Geht ebenfalls klar.

»Tausende Hamburger sind obdachlos, 6000 Gebäude zerstört.«

Nachdem jetzt das Notwendigste in die Wege geleitet ist, macht er sich auf den Weg ins Krisengebiet. Leichter gesagt als getan; denn mit dem Auto geht das natürlich nicht. Folglich eilt Helmut Schmidt an Bord eines der eingetroffenen Hubschrauber. Mit ausgehängten Türen und bei immer noch extremem Sturm und mit einer gehörigen Portion Angst im Magen wird er nach Wilhelmsburg geflogen. Die Situation dort übertrifft die schlimmsten Befürchtungen. Unten winken verzweifelte Opfer, überall treiben Menschenleichen, Dung, Unrat und totes Vieh. Mit der Gewissheit, dass noch mehr geschehen muss, lässt sich Schmidt in die Innenstadt zurückfliegen.

Im Polizeihauptquartier laufen die Rettungsmaßnahmen nun koordinierter. Auf den Fluren werden Feldbetten der Bundeswehr aufgestellt, damit Helmut Schmidt und seine Mitstreiter zwischendurch kurz ruhen können. Viele kommen 48 Stunden nicht zum Schlaf. Der Chef hat von daheim übrigens jenen alten, von Schüssen durchlöcherten Militärmantel aus Leder mitgebracht, mit dem er nach der Kriegsgefangenschaft vor Lokis Elternhaus stand und den Familienpfiff ausstieß. Aber dies nur nebenbei. Jetzt, in der Nacht von Sonnabend auf Sonntag, trinkt er einen Kaffee nach dem anderen und raucht Kette. So wird Helmut Schmidts Betriebstemperatur auf höchstem Level gehalten.

»Dat löpt«, raunt er seinen Mitarbeitern zu. Auch weil die Hamburger anpacken können. Wie schon in den Bombennächten knapp zwei Dekaden zuvor, reicht einer dem anderen die Hand. Not beschert ein hohes Maß an Hilfsbereitschaft. Da Brackwasser in das Wilhelmsburger Trinkwassersystem gerät, muss anderweitig frischer Nachschub besorgt werden. Die Phönix-Werke in Harburg liefern Zehntausende Wärmflaschen. Sie werden gefüllt und von Hubschraubern abgeworfen oder mit Schlauchbooten gebracht. Doch immer wieder wird das Gummi durch spitze oder scharfe Gegenstände unter der Wasseroberfläche aufgeschlitzt, sodass die Soldaten oder die Helfer des Roten Kreuzes kentern.

Ein Hamburger Kaufmann ruft bei Helmut Schmidts Sekretärin an. »Ich kann drei Raupen liefern«, sagt er. Ruth Wilhelm, die später den Namen Loah tragen wird, denkt zuerst an Schmetterlinge, bis ihr klar wird, dass Raupenschlepper gemeint sind. Na klar, bitte sofort her damit. Andere eilen unaufgefordert in die Notstandsregion, bringen Geld, Nahrung, heißen Tee, Leinen, Leitern, Decken, Kleidung, Babykarren. Ein Hamburger steht für den anderen ein.

Dennoch sind die Zustände weiter katastrophal. Ein Segen nur, dass der Sturm allmählich nachlässt und die Elbe nicht weiter steigt. Denn nach wie vor sind fast 50 Deiche im Großraum Hamburg gebrochen. Auch in der Nacht zum Sonntag suchen Retter auf Sturmbooten im grellweißen Schein der Magnesiumfackeln weiter nach Opfern. Soldaten aus anderen Nato-Ländern helfen. Feldjäger der Bundeswehr errichten Absperrungen und regeln den Verkehr im Umland. Froschmänner aus Dänemark bergen Leichen. Insgesamt sind an diesem Wochenende im Februar 1962 rund 40 000 Helfer im Einsatz. Am Ende werden 315 Tote registriert. Um eine Seuche zu verhindern, werden sie in einer Eislaufhalle aufgebahrt.

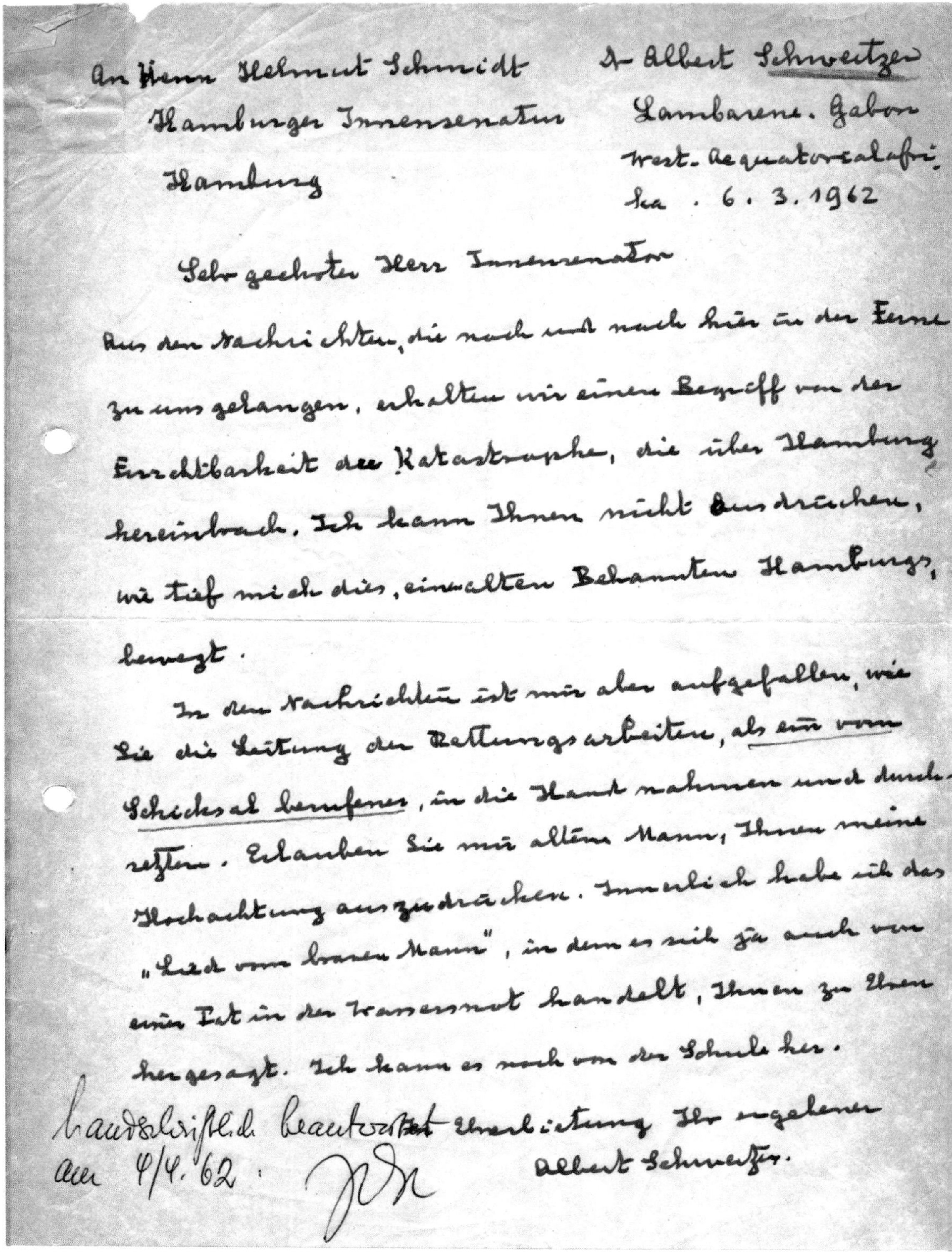

An Herrn Helmut Schmidt
Hamburger Innensenator
Hamburg

Dr. Albert Schweitzer
Lambarene. Gabon
West-Aequatorialafrika. 6.3.1962

Sehr geachteter Herr Innensenator

Aus den Nachrichten, die nach und nach hier in der Ferne zu uns gelangen, erhalten wir einen Begriff von der Furchtbarkeit der Katastrophe, die über Hamburg hereinbrach. Ich kann Ihnen nicht ausdrücken, wie tief mich dies, ein alten Bekannten Hamburgs, bewegt.

In den Nachrichten ist mir aber aufgefallen, wie Sie die Leitung der Rettungsarbeiten, als ein vom Schicksal berufener, in die Hand nahmen und durchsetzten. Erlauben Sie mir altem Mann, Ihnen meine Hochachtung auszudrücken. Innerlich habe ich das „Lied vom braven Mann", in dem es sich ja auch um eine Tat in der Wassernot handelt, Ihnen zu Ehren hergesagt. Ich kann es noch von der Schule her.

Ehrerbietung Ihr ergebener
Albert Schweitzer.

handschriftl. beantwortet am 4/4.62

Mit einem handschriftlichen Brief würdigt Albert Schweitzer im März 1962 die Arbeit von Helmut Schmidt.

»Tausende Hamburger sind obdachlos, 6000 Gebäude zerstört.«

Uwe Holtmann, Augenzeuge von 1962.

Tausende Hamburger sind obdachlos, 6000 Gebäude zerstört. Der materielle Schaden wird später auf fast eine Milliarde Mark beziffert, das menschliche Elend ist weit schlimmer. Im Krankenhaus Groß-Sand in Wilhelmsburg gibt es längst keine Betten mehr; teilweise müssen sich drei Menschen eine Matratze teilen. »Es sieht aus wie auf einem Hauptverbandsplatz im Krieg«, gibt ein Anwohner namens Haunert zu Protokoll.

Mit vereinten Kräften gelingt es, eine noch größere Katastrophe zu verhindern. Dank jetzt geordneter und sinnvoller Maßnahmen können 1130 Hamburger aus höchster Not gerettet und 17 800 weitere in Sicherheit gebracht werden. Am 21. Februar erheben sich die Abgeordneten der Bürgerschaft zu einer Schweigeminute; die Tragödie ist nur schwer in Worte zu fassen, eigentlich gar nicht. Einige versuchen es dennoch und veröffentlichen Bücher über diese dramatischen Tage der Verzweiflung, indes auch letztlich wirkungsvoller Hilfe. Autor eines dieser leider vergriffenen Bücher ist der heutige Abendblatt-Journalist Alexander Schuller. Zur Trauerfeier auf dem Rathausmarkt erscheinen 150 000 Menschen. Still und ergriffen verabschieden sie sich von jenen, die keine Chance gegen die tobende Urkraft der Elbe hatten.

Dass ohne Helmut Schmidt alles noch verheerender gekommen wäre, weiß jeder, auch heute noch. Der Mann habe gehandelt und geführt, nicht verwaltet, schreibt das Hamburger Abendblatt. »Forsch, frech, furchtlos«, meint der »Spiegel«. Aus Afrika drückt Albert Schweitzer seinen Respekt aus, andere sprechen von einer »lebenden Legende«.

»Alles Quatsch!«, kommentiert Helmut Schmidt anschließend in der ihm typischen Art. Von Dank will er zeitlebens nichts wissen, sondern spricht, wenn überhaupt, von Aufgaben und Pflichten. Eine gemeinschaftliche, hanseatische Aktion sei es gewesen vor nunmehr einem halben Jahrhundert. Stimmt, Herr Schmidt, aber …

Wohl niemand weiß den Stellenwert des späteren Bundesministers und Kanzlers in einer alles andere als vergessenen Zeit intensiver zu würdigen als Uwe Holtmann. Weil er selbst dabei war, als die Deiche brachen. Bei einem Lokaltermin schildert er die Geschehnisse von vor 50 Jahren, die er als 15-Jähriger erlebte und niemals vergessen kann. Dieses Treffen findet nicht irgendwo, sondern vor Ort statt, in einer Unterkunft der Deichwacht in der Marckmannstraße in Rothenburgsort. Als Konsequenz der Sturmflut von 1962 wurde diese Organisation als Helfervereinigung im Rahmen des Hamburgischen Katastrophenschutzes genau ein Jahr nach der Tragödie gegründet – vom damaligen Innensenator Helmut Schmidt. Dieser stand nun einer einheitlich strukturierten Dienststelle vor, deren Sitz nach wie vor der Sprinkenhof am Johanniswall mitten in der Innenstadt ist. Bekanntlich zog die Polizeiführung vom Karl-Muck-Platz erst zum Strohhaus, später nach Alsterdorf.

Uwe Holtmann, der als Gabelstaplerfahrer arbeitete und heute Rentner ist, beschreibt die dramatischen Stunden aus seiner Sicht als hautnah Betroffener.

»Mein Elternhaus stand in Kirchdorf, in der etwas oberhalb des Deichkrone gelegenen Siedlung Katenweg. Unterhalb lag die später komplett überflutete Kornweide. Ich schlief längst, als wir durch laute Schreie und Hilferufe geweckt wurden. Kurz nach Mitternacht war der Wilhelmsburger Deich gebrochen, an der Harburger Chaussee und Hafenrandstraße/Ecke Georg-

Massenhaftes Gedenken an die Flutopfer:
Am 26. Februar 1962 kommen mehr als
150 000 Hamburger zur Trauerfeier auf
dem Rathausmarkt.

»Der hat in die Hände gespuckt und schnell gehandelt. Den kann keiner ersetzen – weil er ein Mensch ist.«

Senator Schmidt dankt Bundeswehrsoldaten für ihre Hilfe.

Wilhelm-Straße. In weiterer Entfernung, ebenfalls auf einer Anhöhe, sahen wir hüpfende Menschen, die wild gestikulierten. Die erste Reaktion der Holtmanns: ›Warum tanzen die denn?‹

Doch rasch wurde die Ursache der Hektik klar: Gemeinsam mit meinen Eltern und meinen zwei Brüdern sind wir rausgeeilt, um die Leute aus ihren Häusern zu holen. Es wurde ja keiner richtig gewarnt, und die in den oberen Etagen haben die Sturmflut anfangs ja gar nicht mitgekriegt und teilweise fest geschlafen. Wir waren alle mehr als 24 Stunden unentwegt im Einsatz. Teilweise ging mir das Wasser bis zum Hals.

Überall treiben Leichen und Tierkadaver

Es war erschütternd. Viele Gebäude standen zwei Meter unter Wasser, überall trieben Leichen und Kuhkadaver. Doch für Entsetzen hatten wir keine Zeit, das kam erst später. Überall gellten Schreie. Andere weinten, weil sie ihre Angehörigen nicht fanden. Die Lage besserte sich erst, als amerikanische Soldaten mit ihren dunkelgrünen Militärbooten eintrafen. Wir sind bei den Amis an Bord gegangen, immer einer pro Boot. Sie brauchten uns als Wegweiser, es stand ja alles unter Wasser, und man hatte kaum Orientierung. Zusammen mit acht Amis sind wir Richtung Weidendamm und Siebenbrüderweide gepaddelt, was die Kraft hergab.

Wir haben uns dann bemüht, Leitern an die Wände zu legen, damit die Menschen aus den oberen Stockwerken zu uns ins Boot klettern konnten. Oben am Katenweg warteten Bundeswehrfahrzeuge, um die Leute in Sicherheit zu bringen. In meinem Elternhaus hat meine Mutter Kaffee gekocht und Stullen geschmiert, um Obdachlose wenigstens ein bisschen zu versorgen. Zeitweise waren bei uns bestimmt 50 Leute in der Wohnung. Dass man zusammenhielt, war ja wohl klar. Viele kannten Not und Elend schließlich noch aus der Kriegszeit. Nun war es plötzlich wieder so weit.

Insgesamt haben wir fast eine Woche unentwegt geholfen. So lange waren die Amis vor Ort. Auch unsere Schule in der Zeitlerstraße stand komplett unter Wasser. Natürlich musste der Unterricht ausfallen. Auch der Strom floss nicht. Es herrschten unfassbare Zustände. Am schlimmsten war der Unrat, der auf der Flut schwamm. Ratten saßen darauf. Am grausamsten für mich war ein Erlebnis vor einem ebenso unter Wasser stehenden Haus. Die Amis haben mit ihrem Boot die Haustür gerammt, sonst wäre die ja nicht aufgegangen. Oben im ersten Stock waren zwei Kinder; wir konnten sie retten. Unten lagen die Eltern, sie waren tot. Lange Zeit konnte ich dieses Bild nicht aus meinen Träumen verbannen.«

»Ja, so war das damals«, fährt Uwe Holtmann fort und holt tief Luft. Und damit sich solche Dramen nicht wiederholen, sind er und seine Frau Mitglieder der Deichwacht. Ehrenamtlich, versteht sich. Diese bundesweit einmalige Hilfsorganisation trägt enorme Verantwortung. Denn die Gefahr durch einen ausufernden Elbstrom ist keineswegs gebannt. Mit dem Klimawandel können Sturmfluten sogar weit höher ausfallen als 1825 und 1962. Heute ist ein Drittel des Hamburger Stadtgebiets mit 180 000 Einwohnern gefährdet. Die Deichlinien sind 100 Kilometer lang; 200 000 Sandsäcke liegen für den Ernstfall bereit.

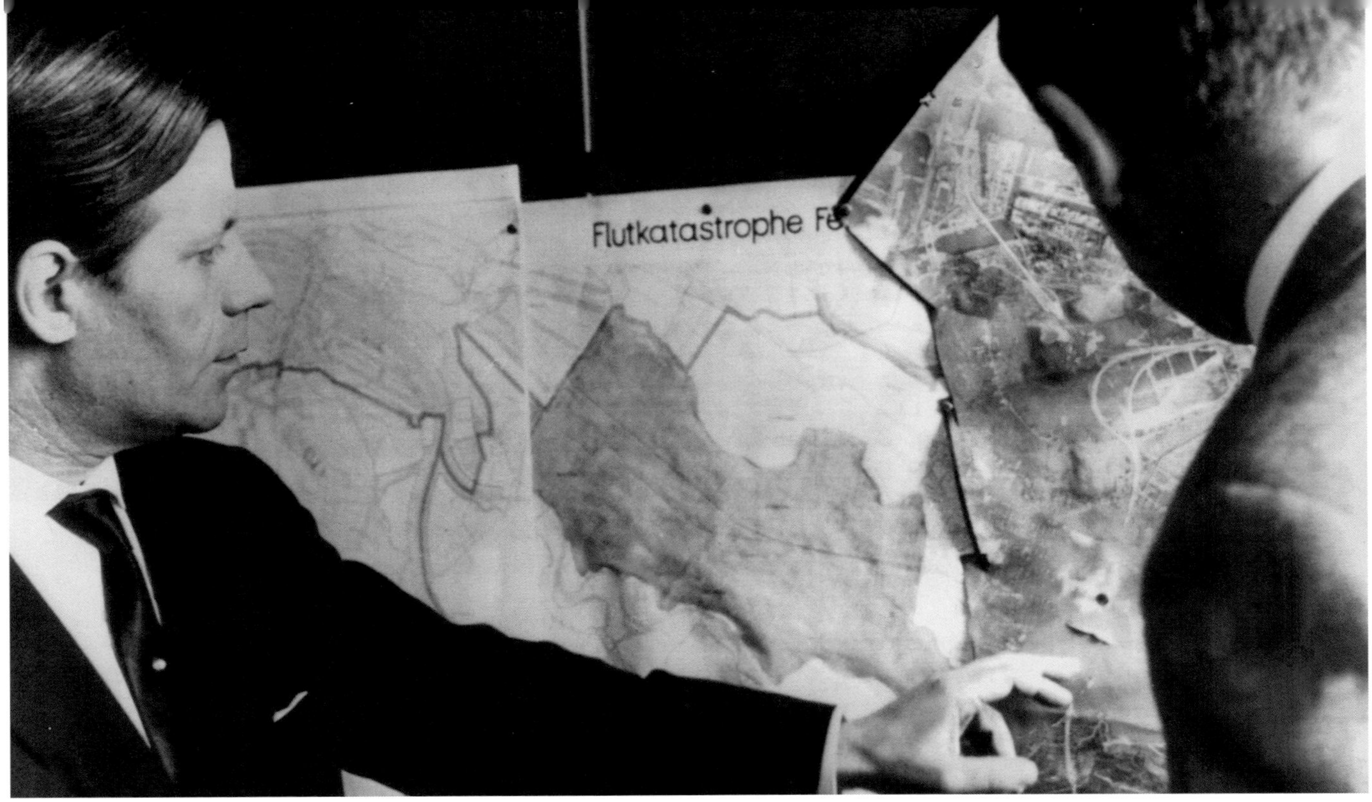

Polizeisenator Helmut Schmidt erläutert Rettungsmaßnahmen während der Katastrophe.

»Vier Deichwachten mit etwa 120 ehrenamtlichen Helfern gibt es in Hamburg«, weiß Holtmann. 16 Frauen und Männer sind in seinem Bereich aktiv. »Leider haben wir erhebliche Nachwuchsprobleme«, sagt er. »Keiner will eben mehr anfassen.«

Und was, Herr Holtmann, halten Sie von Helmut Schmidt? »Für mich ist er der Größte, damals wie heute«, entgegnet er. »Der hat in die Hände gespuckt und schnell gehandelt. Den kann keiner ersetzen – weil er ein Mensch ist.« Der Hamburger Holtmann steht nicht allein mit seiner Meinung. Doch, wie oben geschrieben, will der so Gelobte nach wie vor nichts davon hören. Zur Sturmflut selbst hat er sich natürlich sehr oft geäußert, vielleicht am prägnantesten im erwähnten Buch von Ellert & Richter.

Dort schrieb er unter anderem: »Man hat im Kriege vielerlei große Scheiße erlebt, aber man hat eben auch gelernt, in unübersichtlichen Situationen seine Haut und die Haut des Kameraden zu retten. Und manche Dinge hat man machen müssen im Kriege, die in den Vorschriften nicht vorhanden sind. Das habe ich im Krieg gelernt, ja.« Auf die Frage nach der Gesetzeslage damals meinte Schmidt: »Um ehrlich zu sein, müsste ich sagen, wir haben uns, ich habe mich um die Gesetze nicht gekümmert. Ich habe auch nicht erst einen Juristen gefragt, ob ich das darf oder ob ich das nicht darf.« Und in Bezug auf den Einsatz der Bundeswehr: »Ich habe das Grundgesetz nicht angeguckt in jenen Tagen. Man hat sich dafür entschieden, die Leute zu retten, egal, was das Gesetzt sagt.«

Was heutzutage so wahrscheinlich nicht mehr möglich wäre und in einem bürokratischen Wust ersticken würde, ist im Februar 1962 Gebot der Stunde. Dass Helmut Schmidt in kritischen Momenten fünfe gerade sein ließ, kann das Arztehepaar Arnold nur bestätigen. In Bernau hatten sie sich während des Krieges angefreundet, Musikabende veranstaltet und Vertrauen gefasst. Dr. Arnold hatte Loki Schmidt auch nach dem Tod ihres Sohnes beigestanden. Nun sind die Schmidts an der Reihe, den Arnolds die Hand auszustrecken. Schon lange vor der Flucht aus der DDR hat die dreifache Mutter mehrfach Pakete mit für Loki anfänglich überraschendem Inhalt nach Othmarschen und Langenhorn geschickt. »Die wollen hier ein Lager einrichten«, dämmert es der Lehrerin. So ist es. Über Dänemark und eine Fährverbindung glückt die Republikflucht in den Westen. Und zwar mit Ausweispapieren, die kein anderer als ihr lieber Ehemann gefälscht hat – nicht zum ersten Mal in seinem Leben. Man erinnere sich an die Dokumente für seinen halbjüdischen

Oben: Senator Schmidt (r.) und Bürgermeister Herbert Weichmann (l.)

Mitte: Im Schein von Windlichtern gibt Helmut Schmidt eine Pressekonferenz des Katastrophenstabs.

Unten: Die Sturmflut war 1962 das Gesprächsthema, auch wie hier mit Paul Nevermann.

Vater Gustav im Dritten Reich. Überglücklich in der Hansestadt eingetroffen, erlebt das Arnold-Quintett aus Brandenburg, wie der Hausherr die Sturmflut managt. Susanne räumt vorübergehend ihr Zimmer, sodass die drei erwachsenen Kinder der Arnolds, eines von ihnen schwerbehindert, halbwegs komfortabel unterkommen. Wenig später fassen sie selbst in der Bundesrepublik Fuß. Die Freundschaft bleibt bestehen. Lebenslang.

An diesem Punkt sei ein großer Sprung in die Politik gestattet. Und da muss ein wenig in die Vergangenheit geblickt werden. Bekanntlich wird Helmut Schmidt, der zuvor das Hamburger Verkehrsamt leitete, in den Bundestag gewählt. Auf der SPD-Landesliste. Politisch indes verlagert er seine Heimat von Neugraben nach Hamburg-Nord. 13 000 Mitglieder haben die Sozialdemokraten dort, heutzutage unvorstellbar. Der gesamte Landesverband umfasst heute erheblich weniger. Zeitzeuge dieser basisdemokratischen Pioniertage ist Peter Schulz, der zwischen 1971 und 1974 selbst als Bürgermeister im Senatsgehege des Rathauses sitzen wird. Als jüngster übrigens seit anno 1678.

Schulz, dessen Vater Albert von 1945 bis 1949 Oberbürgermeister in Rostock war und mit der Familie im März 1950 in die Bundesrepublik flüchtete, ist Sozi im klassischen Sinn, aber

Oben: Innensenator Schmidt spricht in der Bürgerschaft.

Unten: Helmut Schmidt hat das Heft in der Hand.

zugleich ein höchst gebildeter Feingeist mit Manieren, Kultur und Humor. Er studiert in Hamburg Jura und gründet früh eine Anwaltskanzlei, in der er bis zum heutigen Tage aktiv ist. Wie auch Helmut Schmidt ist er im Sozialistischen Deutschen Studentenbund organsiert und dort Bundesgeschäftsführer. Genosse Helmut, zur Erinnerung, ist rund zwei Jahre als Bundesvorsitzender dieser Organisation im politischen Einsatz. Und als Schmidt 1961 zum Polizeisenator gewählt wird, sitzt Peter Schulz in der Bürgerschaft. 1966 rückt der Anwalt als Präses der Justizbehörde in den Senat. Man kennt sich also allerbestens.

Auch privat. Denn Peter Schulz und seine Ehefrau Sonja, eine Ärztin, sind zeitlebens eng befreundet mit Loki und Helmut Schmidt. Schulz wie Schmidt treten im Nachkriegsjahr 1946 der SPD bei, der eine in Rostock, der andere in Hamburg, sie sind somit Männer der ersten sozialdemokratischen Stunde nach der Kapitulation. Zum ersten Mal treffen sich die beiden 1950, und zwar im SPD-Haus an der Großen Theaterstraße in der Innenstadt. Vor dem Tresen der Anmeldung im Hochparterre steht ein ebenso selbstbewusst wie forsch wirkender, junger Mann, der Schulz' Eindruck nach mit besonderer Achtung behandelt wird. Es ist Helmut Schmidt.

Anfangs werden die Plakate noch selbst gepinselt

Anschließend sehen sich die beiden Mitstreiter immer öfter. Beide sind Mitglieder im SPD-Kreis Hamburg-Nord; Helmut Schmidt wird dort rasch Kreisvorsitzender. Um 1952 guckt er seinen Duz-

FREIE UND HANSESTADT HAMBURG

BEHÖRDE FÜR INNERES

DER SENATOR

Hamburg, den 27. Juli 1962

30.7.62

Herrn
Senator Dr. H. Weichmann
Hamburg 36
Gänsemarkt 36

Sehr geehrter Herr Kollege Dr. Weichmann !

Am 11. Juli habe ich auf Einladung des Präses der Handelskammer vor eingeladenem Kreis von Mitgliedern zum Thema Notstand, Katastrophe, Verteidigungsfall gesprochen. Die Kammer hat von der frei gehaltenen Rede die beigefügte stenographische Niederschrift angefertigt, gegen deren Verbreitung ich keine Bedenken erhoben habe. Ich würde mich freuen, wenn sie auch Ihr Interesse finden sollte.

Mit freundlichen Grüssen
Ihr sehr ergebener

1961

1974

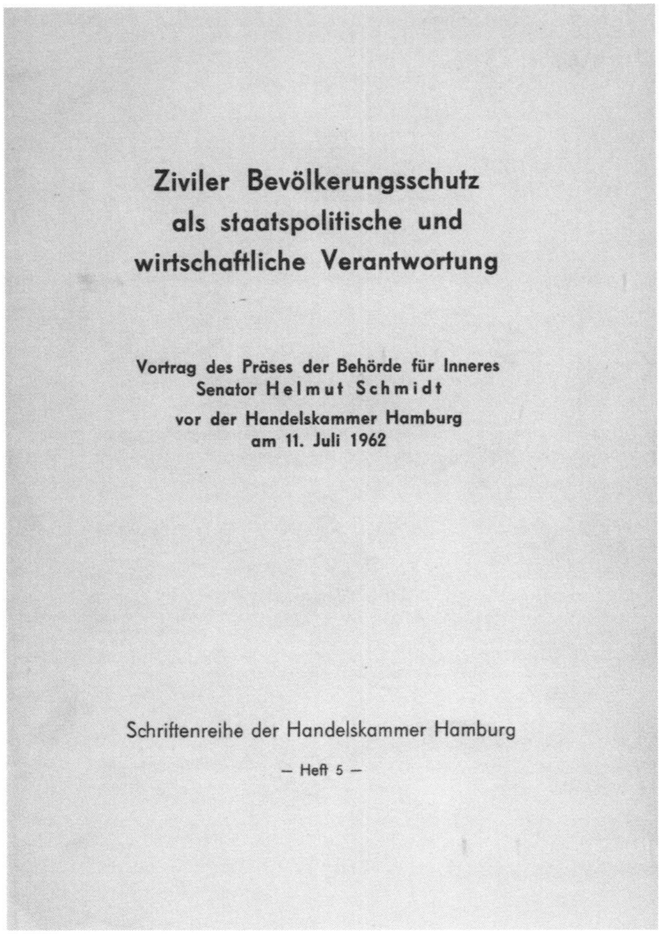

Ziviler Bevölkerungsschutz als staatspolitische und wirtschaftliche Verantwortung

Vortrag des Präses der Behörde für Inneres Senator Helmut Schmidt vor der Handelskammer Hamburg am 11. Juli 1962

Schriftenreihe der Handelskammer Hamburg

– Heft 5 –

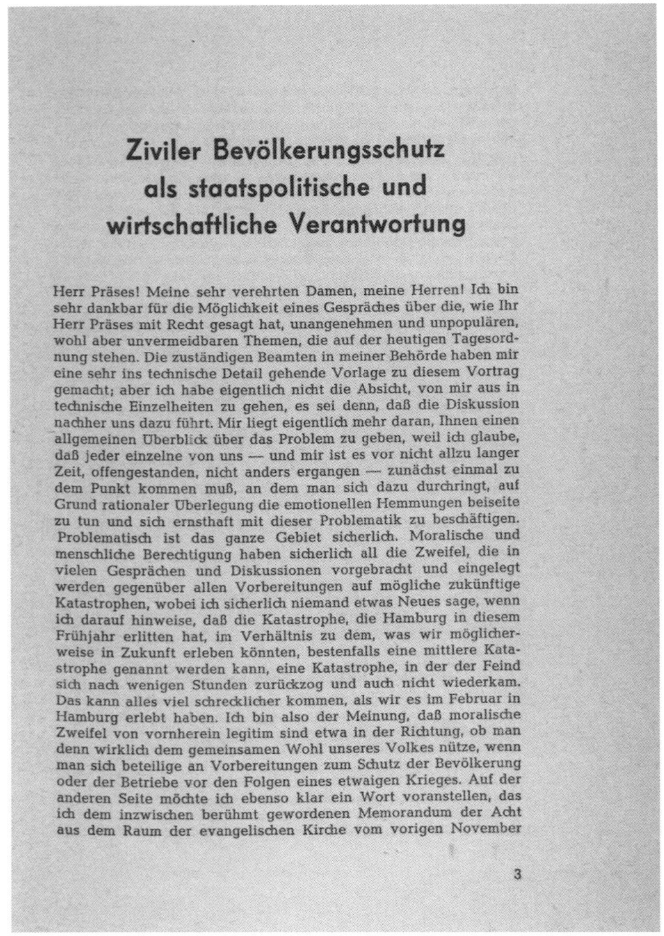

Ziviler Bevölkerungsschutz als staatspolitische und wirtschaftliche Verantwortung

Herr Präses! Meine sehr verehrten Damen, meine Herren! Ich bin sehr dankbar für die Möglichkeit eines Gespräches über die, wie Ihr Herr Präses mit Recht gesagt hat, unangenehmen und unpopulären, wohl aber unvermeidbaren Themen, die auf der heutigen Tagesordnung stehen. Die zuständigen Beamten in meiner Behörde haben mir eine sehr ins technische Detail gehende Vorlage zu diesem Vortrag gemacht; aber ich habe eigentlich nicht die Absicht, von mir aus in technische Einzelheiten zu gehen, es sei denn, daß die Diskussion nachher uns dazu führt. Mir liegt eigentlich mehr daran, Ihnen einen allgemeinen Überblick über das Problem zu geben, weil ich glaube, daß jeder einzelne von uns — und mir ist es vor nicht allzu langer Zeit, offengestanden, nicht anders ergangen — zunächst einmal zu dem Punkt kommen muß, an dem man sich dazu durchringt, auf Grund rationaler Überlegung die emotionellen Hemmungen beiseite zu tun und sich ernsthaft mit dieser Problematik zu beschäftigen. Problematisch ist das ganze Gebiet sicherlich. Moralische und menschliche Berechtigung haben sicherlich all die Zweifel, die in vielen Gesprächen und Diskussionen vorgebracht und eingelegt werden gegenüber allen Vorbereitungen auf mögliche zukünftige Katastrophen, wobei ich sicherlich niemand etwas Neues sage, wenn ich darauf hinweise, daß die Katastrophe, die Hamburg in diesem Frühjahr erlitten hat, im Verhältnis zu dem, was wir möglicherweise in Zukunft erleben könnten, bestenfalls eine mittlere Katastrophe genannt werden kann, eine Katastrophe, in der der Feind sich nach wenigen Stunden zurückzog und auch nicht wiederkam. Das kann alles viel schrecklicher kommen, als wir es im Februar in Hamburg erlebt haben. Ich bin also der Meinung, daß moralische Zweifel von vornherein legitim sind etwa in der Richtung, ob man denn wirklich dem gemeinsamen Wohl unseres Volkes nütze, wenn man sich beteilige an Vorbereitungen zum Schutz der Bevölkerung oder der Betriebe vor den Folgen eines etwaigen Krieges. Auf der anderen Seite möchte ich ebenso klar ein Wort voranstellen, das ich dem inzwischen berühmt gewordenen Memorandum der Acht aus dem Raum der evangelischen Kirche vom vorigen November

3

freund Peter als Stellvertreter aus. »Du musst das machen!«, wird diesem kurz und knapp beschieden. »Groß gefragt wurde ich nicht«, erinnert sich Schulz rückblickend. Das erste Kreisbüro befindet sich in einer Baracke in Barmbek, dort werden Plakate anfangs noch selbst gepinselt und kleinere Versammlungen durchgeführt.

Später ziehen die Nord-Sozis, denen die Mitglieder quasi zulaufen, in die Fuhlsbüttler Straße 790, in das heute noch bestehende Haus der Kleingärtner. In der Regel tagen die Genossen im Keller. »Um den Weg auf den Hof nach draußen abzukürzen, bin ich dort meist aus dem Fenster geklettert«, erinnert sich Helmut Schmidt an in jeder Beziehung aktive Tage. Er hat eine begeisterte, einsatzfreudige Wahlkampfmannschaft zur Seite, die zwischen Barmbek, Fuhlsbüttel und Eppendorf flächendeckend plakatiert. Unter Schmidts resolutem Kommando werden die Stellschilder nach erfolgreicher Schlacht, denn genau so ist es fast immer, wieder eingesammelt und für kommende Wahlen gelagert. »Helmut leitete die ersten Wahlkämpfe in Nord wie ein paar Jahre darauf die Flutkatastrophe«, weiß Peter Schulz.

Meistens mit enormem Erfolg. Mit einer Ausnahme: 1953 schneidet die SPD zwar als stärkste Partei ab, doch stellen die bürgerlichen und liberalen Abgeordneten im Parlament die Mehrheit. Der gestandene Konservative Kurt Sieveking wird Erster Bürgermeister. Erst knapp ein halbes Jahrhundert später sollen ihm mit seinen Parteifreunden Ole von Beust und kurzzeitig Christoph Ahlhaus die nächsten Christdemokraten im Amt folgen. Dass die SPD 1953 eine ihrer raren Oppositionszeiten erlebt, liegt auch an dem großen Thema des Wahlkampfes: Schulpolitik. Kommt einem heute nicht unbekannt vor …

»Helmut leitete die ersten Wahlkämpfe in Nord wie ein paar Jahre darauf die Flutkatastrophe«

Schmidts Rede vom 11. Juli 1962 in der Druckversion.

Aus sozialdemokratischer Sicht indes wird alles besser. Bei der Bürgerschaftswahl am 12. November 1961, also drei Monate vor der Flutkatastrophe, erringt die Partei 57,4 Prozent der Stimmen. 1966 wird sogar die Hamburger Rekordmarke von 59 Prozent erreicht. Davon kann selbst Olaf Scholz nur träumen. Auch im Kreis Nord ist in dieser Epoche alles fest in roter Hand. Vom Kleingärtnerhaus an der »Fuhle« aus werden die Aktivitäten gesteuert. Besonders angetan ist Helmut Schmidt vom Senator Walter Schmedemann, einem bodenständigen Sozi mit Charisma.

Ein paar Jahre nach ihrem Mann tritt auch Loki Schmidt der SPD bei und wird Genossin. »Im Kreisverband Nord hatten wir damals nur eine Handvoll Mitglieder mit Abitur«, sagt Peter Schulz. Das Gros stammt aus der Arbeiterschaft und beäugt die Akademiker mit einem gewissen Misstrauen. Und in dieser Beziehung erhält Loki von Schulz posthum eine Riesenkompliment. »Ebenso wie Helmut trug sie ihre Nase niemals oben, sondern betrachtete einfacher gebildete Menschen auf Augenhöhe und mit Respekt.« Wohl wissend, dass viele keine Chance zum Studium hatten und dass es den Familien oft schlicht an Geld mangelte. Zudem, so Schulz, habe Loki allzeit ein großes Gespür gehabt für Menschen, denen es nicht gut ging, die Unterstützung benötigten. »Sie hatte eine Antenne für Kummer«, sagt er, »und half in der Regel unaufdringlich, anpackend, fast selbstverständlich.« Sei es auch nur mit einem kurzen Anruf oder einer Postkarte.

Beide seien selten aus ihrer hanseatischen Haut gefahren. An eine Ausnahme denkt Schulz mit einem Schmunzeln zurück. Peter und Ehefrau Sonja »Sonni« Schulz waren, wie bei »geborenen« Sozialdemokraten damals üblich, nicht Mitglied der Kirche, wollten aber ihre beiden Kinder taufen lassen, um ihnen zukünftig wirkliche Entscheidungsfreiheit zu geben. Motto: Austreten ist leichter als eintreten. Sie finden jedoch keinen Pastor für die Taufe. Helmut Schmidt, auch als Synodalen-Mitglied aktiv, schäumt vor Wut – und wuppt die Angelegenheit auf seine Art. Ein, zwei Telefonate, dann stehen alle innerlich stramm, und schon läuft die Sache. Mit der für beide Familien angenehmen Folge, dass eine fröhliche Taufzeremonie abgehalten werden kann. Mit Loki als Patin der kleinen Schulz-Tochter und Helmut als Paten von Sohn Olaf. »Beide haben dieses Ehrenamt nicht bloß als vorübergehenden Titel begriffen, sondern sich auch anschließend rührend um unsere Kinder gekümmert«, erzählt Schulz.

Ein andermal sollte sich Loki ihrem guten Freund Peter Schulz indes auch von ihrer couragierten, kämpferischen Seite zeigen. Viel später, kurz nach der Wende. Ein kleiner Gesprächskreis findet sich im Langenhorner Haus der Schmidts ein, darunter der Ost-Berliner Rechtsanwalt Vogel, zuvor Chefunterhändler und Vertrauensmann des SED-Regimes. Im Gegensatz zu Loki, die Dr. Vogel menschlich schätzte und seine Verwicklung in vergangene DDR-Geschäfte gar nicht so genau wissen wollte, steht Peter Schulz dem Juristenkollegen außerordentlich reserviert gegenüber. »Im Wohnzimmer herrschte eine eisige Atmosphäre«, berichtet Schulz.

»Sie bat mich diskret raus in den Garten und las mir kurz, aber heftig die Leviten«, fährt er fort. »Sie erinnerte mich daran, dass Vogel Gast im Hause Schmidt sei und dass ich seine positiven Seiten sehen sollte.« Ein wenig freundlicher, jedoch nach wie vor reserviert geht der Abend dann vorüber. Zur Erklärung von Lokis Engagement muss man die Hintergründe kennen:

Peter Schulz

1971 – 1974 Erster Bürgermeister Hamburgs

»Loki und Helmut haben sich als Paten rührend um unsere Kinder gekümmert.«

1952, als Helmut Schmidt ihn als seinen Stellvertreter im Kreisverband Nord ausguckte, wurde Peter Schulz nicht groß gefragt: »Du musst das machen!« Doch wird aus der politischen Bekanntschaft im Laufe eines Lebens wahrhaftige Freundschaft. Nicht nur Helmut und Peter, sondern auch die Ehefrauen Loki und Sonni eint bestes Einvernehmen. Es passt ins Bild, dass die Schmidts Paten der Schulz-Kinder wurden. Zudem verbrachte das fröhliche Quartett viele gemeinsame Tage im Ferienhaus am Brahmsee und natürlich auch im Doppelhaus in Langenhorn. Der Kanzler und der Bürgermeister rufen auch eine Runde ins Leben, die bis über Lokis Tod hinaus Bestand hat: Gemeinsam mit Ideengeber Helmut Schmidt ist Peter Schulz Gründer der berühmten »Freitagsgesellschaft«.

Der Politiker Schmidt fühlt sich auf jedem Parkett wohl.

Mit einer viermotorigen Lockheed Super Constellation fliegt Helmut Schmidt im Februar 1956 zurück nach Europa.

Bye-bye, New York! Zurück nach Hamburg, aber nicht ohne einen Schnappschuss für das Familienalbum.

Anwalt und Diplomat Vogel half dem Ehepaar Schmidt Jahre zuvor in privater Mission außerordentlich. Und zwar bei einem Besuch am Grab des verstorbenen Moritzelchen. Lokis und Helmuts Erstgeborener war nach seinem frühen Tod in Schönow bei Bernau im Norden Berlins beerdigt worden, und Besuche im Brandenburgischen waren auch hochrangigen Persönlichkeiten zu DDR-Zeiten verwehrt. Eigentlich. Denn mit Vogels Hilfe durfte Loki den eisernen Vorhang durchbrechen und das Grab ihres Kindes besuchen. An Bord des Autos saß seinerzeit übrigens auch Herbert Wehner. Nur am Rande: Rechtsanwalt Vogel, zwischenzeitlich nach Bayern gezogen, wurde später im vereinten Deutschland wegen dubioser Geschäftspraktiken und Vorteilsnahme während der DDR-Ära angeklagt und saß im Gefängnis. Er ist längst tot.

Zurück zu Peter Schulz, der nach wie vor eine enge Freundschaft zu Helmut und bis Ende 2010 auch Loki unterhält. Gemeinsam mit Ideengeber Helmut Schmidt ist Peter Schulz Gründer der berühmten »Freitagsgesellschaft« am Neubergerweg in Langenhorn. Immer wieder fahren sie auch in Schmidts geliebtes Häuschen am Brahmsee. Doch zu beiden Themen später ausführlich mehr. Neben sämtlichen anderen noch lebenden Bürgermeistern der Hansestadt kommt dann auch Peter Schulz als Zeitzeuge der Ära Loki und Helmut Schmidt weiter zu Wort.

Unabhängig von diesen privaten Kontakten schreitet Helmut Schmidts Karriere im Sauseschritt voran. Zwar wird in Hamburg heftig spekuliert, ob der gebürtige Barmbeker Schmidt seinen Parteifreund Paul Nevermann als Bürgermeister im Rathaus beerbt, doch verlässt er seine Heimatstadt letztlich und geht »mit zwei weinenden Augen« nach Bonn. Unter einem Kanzler Willy Brandt wäre er für den Posten des Verteidigungsministers vorgesehen, doch gewinnt die CDU die Bundestagswahl 1965. Daheim muss Schmidt eine der wenigen Niederlagen seiner politischen Laufbahn kassieren und scheitert bei dem Versuch, Nevermann den Landesvorsitz der SPD streitig zu machen. Das alles ist längst vergessen, als Willy Brandt die Wahl 1969 für sich entscheidet und Helmut Schmidt auf die Hardthöhe beruft.

Im Nachhinein war es die richtige Entscheidung, acht Jahre zuvor nicht dem Liebeswerben aus Berlin gefolgt zu sein. Ende 1961 sollte Helmut Schmidt Innensenator im Westen der geteilten Stadt werden. Über seinen Senatskanzlei-Chef, den Pastor im Ruhestand Heinrich Albertz, ließ der Regierende Bürgermeister dem Hamburger ein konkretes Angebot zukommen. Helmut Schmidt lehnte dankend ab, hatte er den Genossen in der Hansestadt doch just versprochen, als Polizeisenator in den Senat zu rücken. Dieser Beschluss war gut für Hamburg, denn so stand Schmidt unmittelbar darauf bereit, die katastrophale Sturmflut zu meistern.

Während Helmut also als Verteidigungsminister international Politik macht und ganz besonders die Beziehungen in die USA intensiviert, bleibt Loki in Langenhorn. Wegen des neuen Hauses am Neubergerweg wechselt sie 1961 von der Schule Othmarscher Kirchenweg an den Eberthofweg in der Langenhorner Nachbarschaft. Bis 1972 unterrichtet sie dort. Tochter Susanne hat das Elternhaus längst verlassen und meidet das öffentliche Leben bewusst. Mit 18 Jahren lässt sie sich einmal bei einem Frühlingsfest im Rathaus sehen, widmet sich sonst jedoch ihren Studienfächern Psychologie und Betriebswirtschaftslehre.

LUFTHANSA

Oben: Während der Russlandreise 1967 auf dem Markt in Nowgorod.

Mitte: Spaziergang im Kulturpark von Leningrad.

Unten: Selbst ist der Mann. Autoreparatur auf dem Weg nach Nowgorod.

Eine Reise durch Osteuropa

1968, an den westdeutschen Universitäten geht es nach dem Tod Benno Ohnsorgs deftig zur Sache, unternimmt die dreiköpfige Familie eine höchst ungewöhnliche Reise. An Bord eines Opel Rekords brechen die Schmidts auf zu einer fast vierwöchigen Tour durch den Osten Europas, durch Polen, die Tschechoslowakei und Teile der UdSSR. Unter anderem stehen Prag, Warschau, Minsk und Leningrad auf dem Programm. 5000 Kilometer legt das Trio zurück, und es zahlt sich aus, dass Loki kurz zuvor ihren Führerschein gemacht hat – im stolzen Alter von 50 Jahren. Am Rande dieses »Urlaubs« trifft Helmut Schmidt an allen möglichen und unmöglichen Orten Personen zu vertraulichen politischen Hintergrundgesprächen, die von langer Hand und weitestgehend geheim eingefädelt wurden.

In Moskau ist auch der Fotograf Sven Simon dabei, ein Sohn des Verlegers Axel Caesar Springer und ein ehemaliger Schüler Loki Schmidts. Die ganze Aktion ist nicht nur abenteuerlich und hoch interessant, sondern auch ein teurer Spaß.

Im Gegensatz zu vergangenen Zeiten jedoch geht es den Doppelverdienern nun wirtschaftlich gut. In einem Interview mit der »Constanze« haben Loki und Helmut Schmidt fünf Jahre vorher ein bisschen aus dem Nähkästchen geplaudert, sonst gar nicht beider Art. »Als Mann fühlt sich Helmut als Herr im Hause«, kam Loki in dem Magazin zu Wort, »das ist zwar eine altmodische Vorstellung, aber ich lass ihm daheim die Rolle als Finanzminister.« Letzterer wiederum gab zu Protokoll, anfänglich Zweifel an Lokis Verhältnis zu Geld gehegt zu haben. Er bezog sich auf einen »Skandal« aus der Nachkriegszeit, unmittelbar

Mit Loki und Susanne im Arm bummelt Schmidt über Moskaus Roten Platz.

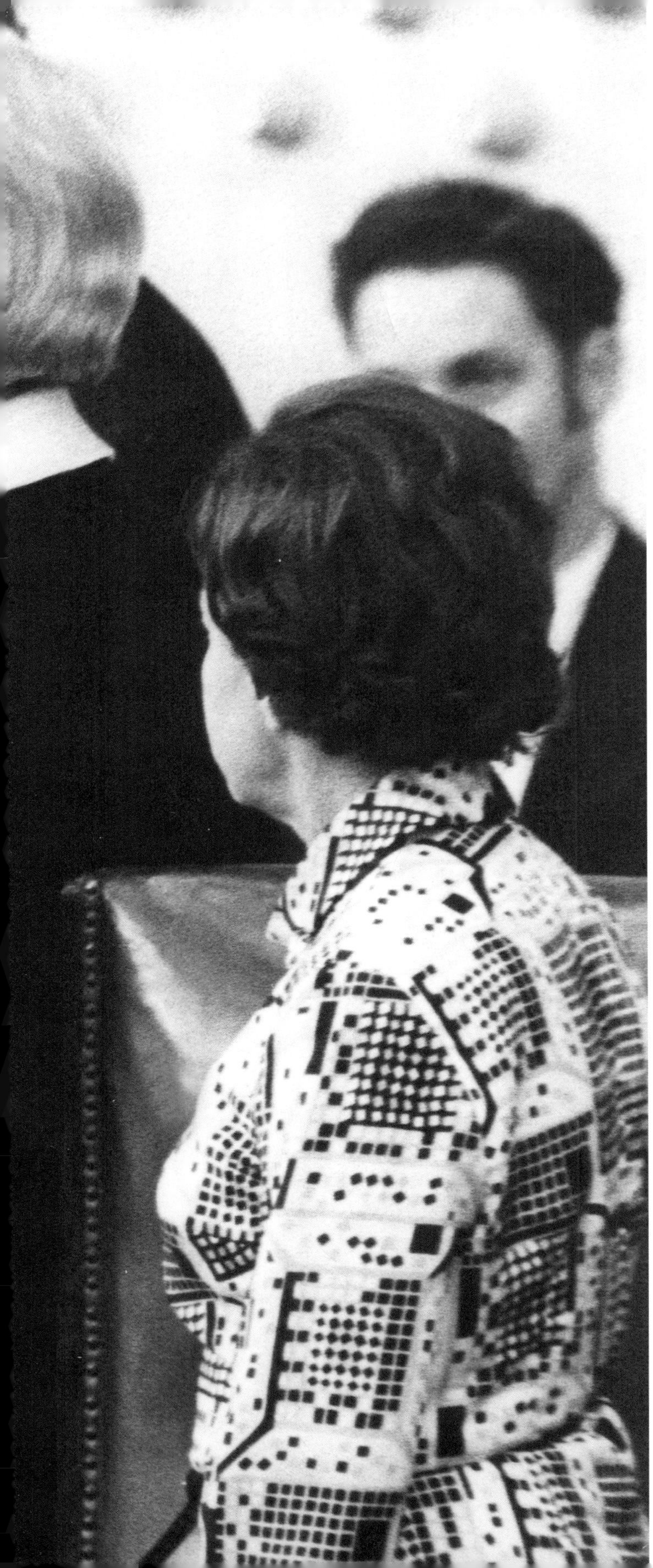

nach der Währungsreform 1948, als beide mühselig die damalige Wahnsinnssumme von 800 Mark angespart hatten. »Loki hat dieses Geld binnen weniger Tage für Möbel ausgegeben«, knurrte Helmut via »Constanze«. Danach habe er dennoch registriert, dass seine Ehefrau sparsam mit dem Familienvermögen umgehen könne. Regelmäßig am Sonntag oder Montag gibt es seitdem Haushaltsgeld für Loki, das gemeinsame Postscheckkonto indes verwaltet Finanzminister Helmut. In der Politik soll dieses Amt erst später folgen.

Doch gehen auch für Loki die schönen Hamburger Zeiten dem Ende zu. Sie bedauert das und setzt ihren Anspruch in die Tat um, alles andere als eine grinsende Kanzlergattin sein zu wollen. Nach drei Jahren nun als echter Wirtschafts- und Finanzminister hat Helmut den Gipfel seiner politischen Laufbahn erreicht: Am 16. Mai 1974 wird Helmut Schmidt vom Bundestag mit 267 von 492 Stimmen zum fünften Kanzler der Bundesrepublik Deutschland gewählt. Was 1946 mit dem Eintritt in die SPD begann, wird nunmehr gekrönt.

Für Loki bedeutet das: Umzug in den Kanzlerbungalow nach Bonn. Die Bastionen in Langenhorn und am Brahmsee in Schleswig-Holstein jedoch behält das Ehepaar Schmidt bei. Warum soll man Bewährtes ändern? Denn eines steht fest: Beide wollen und werden zurückkommen!

Am 16. Mai 1974 legt Helmut Schmidt vor Bundestagspräsidentin Annemarie Renger den Amtseid als Bundeskanzler ab.

6

1974 – 1982

Karibik? Malediven? Madeira? Von wegen: für die Schmidts ist's in der Heimat am allerschönsten. Für 3300 Mark kaufen sie sich 1958 ein Grundstück am Brahmsee – 73 Kilometer vor den Toren ihrer Heimatstadt. Die Hütte am Ufer ist von Komfort und Luxus weiter entfernt als Hamburg von Sydney. Dennoch wird sie weltberühmt.

Luxus sieht anders aus: Die Baracke der Schmidts am Brahmsee im ursprünglichen Zustand.

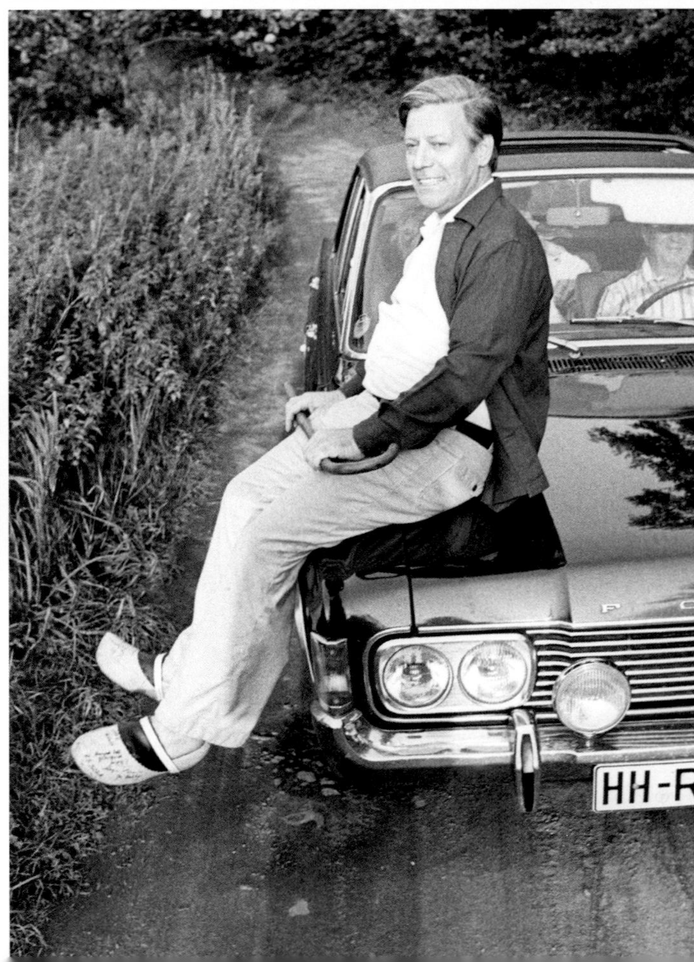

Oben: Am Brahmsee ist die große Politik weit weg.
Da trägt der Kanzler schon mal Holzpantoffeln.

Oben rechts: Familienausflug mit Hund.

Rechts: Kanzler in Urlaubslaune (August 1978).

Erste Feststellung: Wer eine Reise unternimmt, kann etwas erleben. Fakt zwei: Mit der Bahn hat man nicht nur in der Neuzeit so seine Plage. Beides wird auch Helmut Schmidt bestätigen können. Anlass ist eine Dienstfahrt im Winter 1957/58, die erheblich länger dauerte, als im Fahrplan notiert. Irgendwo zwischen Bonn und Hamburg bleibt der Schnellzug der Bundesbahn in Schneeverwehungen stecken. Nichts geht mehr.

Die Wartezeit nutzen drei Herren in einem Erste-Klasse-Abteil zum anregenden Gespräch über Gott und die Welt. Zwei von ihnen sind der sozialdemokratische Bundestagsabgeordnete Helmut Schmidt und sein (Partei)-Freund Willi Berkhan. Der Dritte im Bunde ist ein Busunternehmer aus Kiel. Er preist die Vorzüge Schleswig-Holsteins, denn dort kennt er sich durch seinen Beruf wahrlich aus. Ganz speziell schwärmt er vom Brahmsee, gut 70 Kilometer entfernt von Hamburg südwestlich Kiels gelegen. Schmidt und Berkhan spitzen die Ohren, zumal Ersterer »irgendwo« einen schönen See sucht, mit Gelegenheit zum Schwimmen und Angeln. Das Interesse steigt, als der Busunternehmer von einem seiner Fahrer erzählt. Der wiederum kenne einen Bauern namens Steffen, der sein etwa 10 000 Quadratmeter großes Grundstück direkt am Brahmsee verkaufen wolle.

Irgendwann kann der Zug seine Fahrt fortsetzen, doch zu Hause ist das Gespräch nicht vergessen. Ganz im Gegenteil: Auch Loki Schmidt findet die Idee ihres Ehemanns spannend. Der Kontakt zum Busunternehmer wird aktiviert, und im Februar 1958 stehen die beiden Schmidts am Brahmsee in Holstein, blicken über die typisch norddeutsche, nicht gerade üppige Landschaft, auf den gefrorenen, auch im Sommer kalten See – und sind begeistert. »Liebe auf den ersten Blick«, sagt Loki. Helmut gibt später zu Protokoll: »Es war ein miserabler Acker, ein karger Sandboden, auf dem kein Roggen gedieh.«

Noch indes gibt es ein Hindernis: der Preis. Weil 10 000 Mark ein Batzen Geld sind genau zehn Jahre nach der Währungsreform. Zwar verdienen die Schmidts doppelt, doch sind die Parlamentsbezüge noch bescheiden. Des finanziellen Rätsels Lösung: Das Areal wird zwischen dem Zug fahrenden Trio brüderlich geteilt. Jeder zahlt dem Landwirt etwa 3000 Mark und erhält dafür ein gut 3000 Quadratmeter umfassendes Grundstück mit 30 Meter Seeufer. Es gibt einen gemeinsamen Zugangsweg, der über einen Moränenhügel und vorbei an Weideflächen mit Holzgattern führt. Ein Traum! Als Eigentümerin lässt Helmut Schmidt seine Ehefrau eintragen – zur materiellen Absicherung. Die Schmidts beauftragen eine Firma aus der Umgebung Elmshorns, eine Gartenbude zu errichten. »Quasi aus dem Katalog«, sagt Helmut.

Landschaft und natürliche Umgebung sind reizvoll, das Lebensumfeld fällt eher spartanisch aus. Die ersten Besucher beschreiben die Schmidt'sche Behausung am See entsprechend als Hütte oder Laube: ein Wohnzimmer, ein Schlafzimmer, eine kleine Küche mit zwei Herdplatten. »Eine für Kaffee, die andere für Bockwürstchen«, pflegt Loki zu scherzen. Dazu ein Plumpsklo. Luxus sieht anders aus. Alles auf anfangs 30 Quadratmetern untergebracht. Bausubstanz: ein bisschen Holz, Wände aus Presspappe. Strom? Fließend Wasser? Heizung? Komplett Fehlanzeige. Beleuchtet wird die Butze mit Petroleumlampen; für Wärme sorgt ein Petroleumofen. Welcher in der Neuzeit gültige Sicherheitsnormen offensichtlich nicht erfüllt. Denn irgendwann fällt Loki des Nachts fast ohnmächtig aus dem Bett.

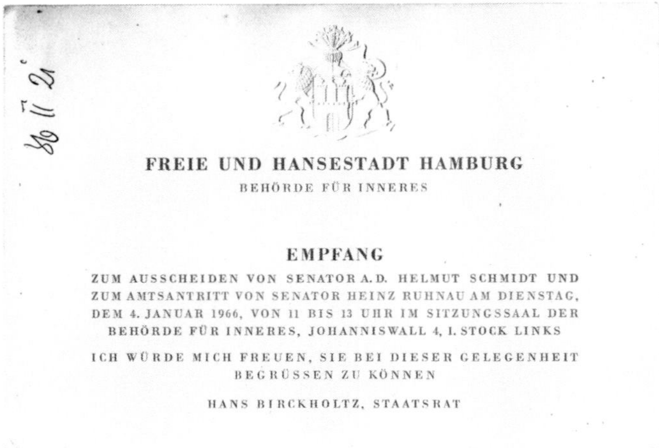

FREIE UND HANSESTADT HAMBURG
BEHÖRDE FÜR INNERES

EMPFANG
ZUM AUSSCHEIDEN VON SENATOR A.D. HELMUT SCHMIDT UND ZUM AMTSANTRITT VON SENATOR HEINZ RUHNAU AM DIENSTAG, DEM 4. JANUAR 1966, VON 11 BIS 13 UHR IM SITZUNGSSAAL DER BEHÖRDE FÜR INNERES, JOHANNISWALL 4, I. STOCK LINKS

ICH WÜRDE MICH FREUEN, SIE BEI DIESER GELEGENHEIT BEGRÜSSEN ZU KÖNNEN

HANS BIRCKHOLTZ, STAATSRAT

4. Januar 1966: Abschiedsempfang als Innensenator.

»Hätte auch unser Ende sein können«, befindet Helmut Schmidt lakonisch. Immerhin, kleiner Trost, steht die Datscha halbwegs stabil und trotzt den Holsteiner Böen.

Innen ist die Bude urgemütlich – nachdem die neuen Grundstückseigner und Zimmermeister Spießhofer mächtig Hand angelegt haben. Bilder, bunt bemalte Bauernteller, ein Mobile mit Schiffchen und vor allem die winzige Sitzecke mit der engen Holzbank schaffen eine urgemütliche Atmosphäre. Dies wird von allen Seiten immer wieder bestätigt.

Wahrscheinlich würden diese liebenswerten, auf dem bodenständigen Naturell der Schmidts basierenden Details kaum eine Menschenseele interessiert haben, hätte es nicht den 5. Mai 1974 gegeben, ein weiteres für die Familie Schmidt epochal bedeutendes Datum. An diesem Tag führt die Enttarnung des DDR-Spions Guillaume zum Rücktritt des Bundeskanzlers Willy Brand. Konsterniert sitzt der SPD-Politiker mit seinen Getreuen in Münstereifel beisammen und erwägt die desaströse Situation. Der Agent in seiner direkten Nähe, gewichtige Probleme mit der bundesdeutschen Konjunktur und ein latenter Hang zu Depressionen lassen den Tag von Grund auf düster erscheinen. Ob Brandt durch den Spion auch die Enthüllung irgendwelcher Frauengeschichten und damit verbundene Erpressungsversuche befürchtet, bleibt Spekulation.

Wie auch immer. Schon bevor die Beratungen in Münstereifel richtig losgegangen sind, meint Brandt aus dem Bauch heraus: »Der Helmut muss das machen!« Der damit gemeinte Finanzminister reagiert anfangs alles andere als begeistert, sagt dann jedoch zu Ehefrau Loki: »Erst mal muss ich das jetzt ja wohl machen.« Aus »erst mal« werden letztlich acht Jahre. Nur elf Tage später, am 16. Mai 1974, wird der Hamburger Helmut Schmidt zum fünften Kanzler der Bundesrepublik Deutschland gewählt. Erstmals ein Norddeutscher ganz oben! Von der Tribüne des Plenarsaals aus verfolgen Gattin Loki, Tochter Susanne und Schmidts Sekretärinnen den großen Moment. Eines späteren Tages wird Helmuts Vater Gustav Schmidt Loki fragen: »Wie heißt das noch, was der Helmut da macht?«

Er macht eine ganze Menge, bringt wirtschaftlichen Sachverstand, außenpolitisches Know-how, sein internationales Netzwerk und vor allem seine pragmatischen Fähigkeiten ins Spiel. Es passiert was in der guten, nun schon ein Vierteljahrhundert alten Bundesrepublik. Parallel ist Walter Scheel Bundespräsident, Hans-Dietrich Genscher Außenminister.

Natürlich zieht nun auch Loki in den Kanzlerbungalow in Bonn. Den Schuldienst hat sie bereits 1972 quittiert – mit einer erheblichen Portion Verdruss. Da eine langfristige Beurlaubung nicht möglich ist, so sagen es die Verordnungen, verlebt sie nach 23 Jahren bei den Kindern am Othmarscher Kirchenweg sowie anschließend im Eberthofweg ihren letzten Tag als Lehrerin mit einem weinenden Auge. In Bonn mischt sie sich sogar ins Protokoll ein und besteht darauf, nicht bloß ein Anhängsel des Herrn Bundeskanzler zu sein. Dieser Weg zur Selbstständigkeit führt sie weiter in Richtung Fauna und Flora, doch dazu später mehr.

Doch leider ereignet sich in der guten, alten Bundesrepublik nicht nur Erfreuliches. Erneut stehen Loki und Helmut Schmidt dramatische Stunden bevor, denen sie trotzen. Stichwort ist der »Deutsche Herbst«, die Bedrohung durch den Terrorismus. 1975 wird der Berliner Christdemokrat Peter Lorenz entführt. Von 40 Grad Fieber geschüttelt, stimmt Helmut Schmidt der Erpres-

Gut, wenn zumindest einer lacht.
Die Urlauber vor ihrem Feriendomizil am Brahmsee

Susanne Kennedy-Schmidt

Tochter von Helmut und Loki Schmidt, Wirtschaftsjournalistin

»Bei den Erinnerungen an meine Kindheit und Jugend geht mir das Herz auf.«

Seit Jahrzehnten lebt Lokis und Helmuts Tochter Susanne abseits des »Schmidt-Trubels« in England, südöstlich der Hauptstadt. Doch kommt Frau Dr. Susanne Kennedy-Schmidt, die in Kent an der Seite des irischen Bankiers Brian Kennedy wohnt, etwa viermal im Jahr zurück in ihre Heimatstadt. Dass sie Hamburg nach wie vor liebt, liegt ihr auch auf der Zunge: Das typisch norddeutsche Idiom ist unverkennbar. Bei einem Treffen am Gänsemarkt erinnerte sie sich an wunderschöne Details von früher: an einen roten Roller zum Geburtstag, an Weihnachtsfeiern in Langenhorn mit Kartoffelsalat, Würstchen und Hausmusik, an Ferien in Bosau, an die ersten Schwimmversuche im Plöner See und an liebevolle Eltern.

»Was soll geschehen, wenn einer von uns Opfer einer Entführung wird?«

sung letztlich zu. Es folgen das Attentat auf die Deutsche Botschaft in Stockholm und die Ermordung des Bankiers Jürgen Ponto. Bonn zittert vor weiteren Attentaten der Roten Armee Fraktion RAF.

Der Deutsche Herbst und seine Opfer

Am 5. September 1977 erfolgt der nächste Anschlag: Um 17.25 Uhr wird der Industrielle Hanns Martin Schleyer entführt. Vier Stunden später, um 21.30 Uhr, ist ein zutiefst betroffener, jedoch entschlossener Kanzler im deutschen Fernsehen zu hören: »Der Staat muss darauf mit aller notwendigen Härte reagieren!« Nach 44 Tagen wird Schleyer vom Terrorkommando ermordet. Das Land ist erschüttert. Doch auch wie im Fall der von der GSG9 später befreiten Lufthansa-Maschine »Landshut« lässt sich die Regierung nicht in die Knie zwingen, sondern bleibt konsequent unerpressbar – allem bitteren Beigeschmack zum Trotze. Loki und Helmut Schmidt, die neben glorreichen Momenten auch gnadenlos Belastendes in ihrem Dasein überstanden haben, verleben die grausamsten Tage überhaupt. Bei seiner Rede an die Nation am 20. Oktober 1977 im Bundestag gibt der alles andere als gottesfürchtige Kanzler drei bewusst gewählte, vielsagende Worte von sich: »Gott helfe uns!« Er wird diesen Appell in seinem Leben nicht wiederholen.

Im Prinzip muss auch Tochter Susanne unter dem Diktat des RAF-Terrorismus leiden. Nach Studium und Promotion wechselt sie zur Deutschen Bank nach London. Auch Tokio wäre eine Option gewesen. Nach drei Jahren ergibt sich die Chance, eine

Ahoi, Käpt'n Schmidt!

Zweigstelle in Lüneburg zu übernehmen. Ein erstklassiger Job nicht weit von ihrer Geburtsstadt in einem ansehnlichen Städtchen wäre etwas Feines. Wäre. Denn die sicherheitsgefährdete Kanzlertochter müsste vor Ort mit Personenschutz leben. Aus Sicherheitsgründen also bliebe nur die Bankzentrale in Frankfurt.

In London ist die Bankmanagerin nicht nur beruflich erfolgreich, sondern findet auch privat ihr Glück. Und zwar an der Seite des irischen Bankers Brian Kennedy. Auch heute, bei Erscheinen dieses Buches, lebt Frau Dr. Susanne Kennedy-Schmidt zufrieden und abseits des »Schmidt-Trubels« südöstlich Londons in Kent. Nach den Anfangsjahren bei der Deutschen Bank wechselte sie zu einem österreichischen Kreditinstitut, danach zu einer japanischen Investmentbank und letztlich als Moderatorin zum Fernsehsender Bloomberg TV.

Bei einem Treffen am Gänsemarkt ein halbes Jahr nach dem Tod ihrer Mutter erinnert sich die Hanseatin an Details ihrer Kindheit und Jugend. Zum Beispiel an den roten Roller, den sie von ihren Eltern zum Geburtstag erhielt. Oder an wunderschöne Weihnachtsfeste. Meist gab es Kartoffelsalat und Würstchen. Und manchmal auch Musik: Vater Helmut am Klavier, Mutter Loki und Tochter Susanne mit Blockflöten. »Hinterher verzog sich meist jeder mit einem Buch in eine Ecke«, sagt Susanne Schmidt, »um mit Genuss zu schmökern.« Haften geblieben sind ebenso die »kleinen« Ferien zu Ostern oder im Herbst. Dann ging's gemeinsam hinaus in die Sommerfrische – nach Bosau am Plöner See. Das Grundstück am Brahmsee kommt erst später ins Spiel. In einer kleinen Pension »mit Dorfanschluss« in Bosau bezogen die Schmidts dann Quartier. Im See lernte Susanne das Schwimmen. Und in der kleinen Bücherei bei Minnie Detlefs, sogar dieser Name ist unverändert präsent, lieh sich Susanne Bücher aus. 2005 begaben sich Helmut und Loki Schmidt gemeinsam mit Susanne und ihrem Mann Brian auf Spurensuche: Das kleine Hotel wird heute vom Sohn der früheren Betreiber geführt. »Bei diesen Erinnerungen geht mir das Herz auf«, sagt Susanne Schmidt bei einem Kaffee.

Dies gilt ebenfalls für den Rückblick an glückliche Zeiten in früheren Wohnungen der Familie. In der alten Villa in der Corinthstraße in Othmarschen wohnte auch Frau Fock. Wenn diese den schwarz-weiß gekachelten Fußboden reinigte, durfte Susanne auf dem Bohnerbesen stehen und damit ein bisschen Schlitten fahren.

Auch wenn diese Tage längst vergangen sind und Susanne Schmidt seit Jahrzehnten in England lebt, kehrt sie etwa viermal jährlich in ihre Geburtsstadt zurück. Die alte Liebe zu Hamburg ist unverändert intakt. Unabhängig von ihren berühmten Eltern hat sie sich längst einen eigenen Namen gemacht. Für ihr aktuelles Buch »Markt ohne Moral – Das Versagen der internationalen Finanzelite« erhielt sie den Deutschen Wirtschaftspreis. Und im März 2011 hielt sie bei den »Weimarer Reden« im Nationaltheater die Eröffnungsansprache. Was sie besonders sympathisch macht: Ihre Heimat trägt Susanne Schmidt nach wie vor auf der Zunge. Natürlich hegt sie daheim in Kent Erinnerungsstücke. Eines ist ein von Loki gestickter Lebensbaum mit Vögeln, den Susanne Schmidt eingerahmt hat.

Doch nach diesem kleinen Einschub zurück in die bitteren Tage des Deutschen Herbstes. Wie schwer sich Helmut Schmidt und seine Ehefrau Loki mit dem Spagat zwischen einer unnachgiebigen Haltung Terroristen gegenüber und der Angst vor möglichen menschlichen Opfern tun, dokumentiert ein erst viel

Auf einer Wellenlänge mit Hans-Dietrich Genscher.

Der damalige »Spiegel«-Chefredakteur Günter Gaus 1972 zu Gast am Brahmsee.

später bekannter Entschluss des Ehepaares. Nach dem Terroranschlag in Schweden gehen die beiden durch den kleinen Park neben dem Kanzlerbungalow und diskutieren das Grundproblem: Was soll geschehen, wenn einer von uns Opfer einer Entführung wird? Es sind ein Spaziergang und ein Gespräch, die an die Nieren gehen. Entschlossen, doch schweren Herzens suchen Loki und Helmut Schmidt am Folgetag den Kanzleramtschef auf. »Falls einer von uns beiden gekidnappt wird, darf uns der Staat nicht austauschen«, geben sie dort sinngemäß zu Protokoll. Dieser Wille wird von beiden unterschrieben.

Natürlich ist es nach solchen dramatischen und nicht auszuradierenden Ereignissen nicht leicht, zumindest äußere Ruhe zu finden. Am ehesten gelingt dies bei gelegentlichen Wochenenden zu Hause in Hamburg-Langenhorn – oder wohl sogar noch besser, weil noch abgeschiedener, in Mußetagen am Brahmsee. Ist das bemooste Eisentor hinter ihm geschlossen und der Schotterweg bis zum Häuschen passiert, kann er eintauchen in die private Welt seines Refugiums.

Vor Ort ist Helmut Schmidt bemüht, auf einer kleinen Jolle Durchblick und Weitsicht zu bewahren. Mit der Pinne in der Hand fasst er klare Gedanken. Gemeinsam mit Loki findet er Muße, die friedliche Idylle am Seeufer zu genießen. Das Häuschen selbst ist durch eine dichte Reihe von Birken, Buchen und Sträuchern für Neugierige nicht einsehbar. Weitere pflanzen Loki und Helmut Schmidt hinzu. Wenn er zur Sense greift, um den Rasen zu kürzen, müssen nicht selten Lokis geliebten rosa-violetten Heidenelken dran glauben. Sie freut sich darüber, dass die Rosenbüsche (Rosa Canina) sogar auf dem gelben Sandboden blühen und gedeihen. Irgendwann erscheint auch der Brunnenbauer aus

Der Käpten und die Steuerfrau auf ihrem Segelboot.

dem Nachbardorf. In etwa 500 Meter Entfernung schlägt seine Wünschelrute aus Haselnusszweigen tatsächlich heftig aus. Seitdem ist auch die Grundwasserzufuhr am See gesichert.

Nur bedingt Verlass ist auf die Fotoaufnahmen aus dieser Zeit, viele sind trügerisch und gaukeln das Paradies auf Erden vor: Nur in Ausnahmefällen hat der Bundeskanzler richtig viel Zeit, in Ruhe Schach zu spielen, segeln zu gehen oder schlicht zu faulenzen. Das Brettspiel hatte ihm sein Vater schon bei- und nahegebracht, als er acht Jahre alt war. »Der liebe Gott hat mich als Arbeitstier geboren«, sagt Helmut Schmidt – damals wie heute. Immer hat er Aktenberge dabei und vertieft sich stundenlang darin. Manchmal bis zwei Uhr nachts. Was ihm von Loki den Spitznamen »Nachteule« einbringt. Im Gegensatz ist sie ein »Morgensinger«, eine gut gelaunte Frühaufsteherin. Selbst im Sommerurlaub am Brahmsee, und das sind während der Kanzlerära nie mehr als drei Wochen, ist Schmidt nie außer Dienst.

Entsprechende Vorkehrungen werden getroffen. So wird neben dem kleinen Häuschen der Schmidts ein zweites Gebäude errichtet. Mit zwei Aufenthaltsräumen für vier Sicherheitsleute sowie den Fahrer und einem kleinen Büro für die Sekretärin, das mit Telefon und Fernschreiber ausgestattet ist. In einer Ära ohne Fax und E-Mail treffen während der Kanzleraufenthalte am Brahmsee ständig verschlüsselte Nachrichten ein. Dann und wann bringt ein Mitarbeiter neues Aktenmaterial, und gelegentlich schauen Referenten, Staatssekretäre oder auch Minister vorbei.

Während die ganz große Politik außerhalb Bonns in Hamburg-Langenhorn gemacht wird, empfängt Helmut Schmidt am Häuschen am See überwiegend Freunde, Vertraute und unkomplizierte Staatsmänner aus den Nachbarländern. Der später ermordete Olof Palme aus Schweden reist ebenso nach Holstein wie Norwegens Premier Odvar Nordli, der niederländische Ministerpräsident Joop de Uyl oder Österreichs Regierungschef Bruno Kreisky. Natürlich darf auch Schleswig-Holsteins Ministerpräsident Gerhard Stoltenberg nicht fehlen. Der »Lange Blonde aus dem Norden«, der auch als Bundesminister in Amt und Würden ist, gehört zwar der CDU an, ist aber dennoch ein gerngesehener Gast am »Lago di Sozi«. Als Kanzler steht Helmut Schmidt ohnehin über dem provinziellen Parteiengezänk. Auch wenn ihn wurmt, dass mancher Konservative meint, »Schmidt-Schnauze« sei ein formidabler Kanzler, indes Mitglied in der falschen Partei …

Prominenz am Brahmsee

Im Laufe der Jahre reisen auch Künstler wie Celibidade, Menuhin oder Bernstein nach Holstein. Die Anwohner gewöhnen sich an die Betriebsamkeit am See und freuen sich über die Prominenz in ihrer Nähe. Ganz selten sieht man die Schmidts sogar beim Einkaufen. »Er trägt dann – ganz Kavalier – immer ihre Tasche«, verrät ein Nachbar in einer Boulevardzeitung. Journalisten werden nur höchst selten vorgelassen. Zum Beispiel der »Spiegel«-Chef Rudolf Augstein. Quasi zum Warmmachen vor einem langen Interview für das Nachrichtenmagazin will Helmut Schmidt sich beim Holzhacken austoben. Als dann auch Augstein zur Axt greift, nestelt einer der Bodyguards dann doch etwas nervös an seiner Pistole. Wird erzählt.

Eine der wenigen Ausnahmen aus dem Medienbereich ist auch der in einem früheren Kapitel bereits ausführlich erwähnte

Entspannung beim Schachspiel während des Urlaubs am Brahmsee (1973).

Günter Stiller. Der Chefreporter des Hamburger Abendblatts darf Loki und Helmut Schmidt nicht nur in Langenhorn, sondern auch am Brahmsee besuchen. Weil sich der Mann an die Spielregeln hält und mehr sieht und weiß, als er schreibt.

Zum Beispiel Details über die friedliche Form der »Aufrüstung« am Brahmsee. Denn aus der einstigen »Baracke«, so Schmidts Regierungssprecher Klaus Bölling liebevoll, wird im Laufe der Jahre durchaus Ansehnliches – wenn auch unverändert weit von jenem Luxus entfernt, den sich andere Staatsmänner im Ruhestand zu gönnen pflegen. Hat Helmut Schmidt schon als Regierungschef anständig verdient, so steigern sich die Einnahmen im Alter erheblich. Seine Vorträge, hält er sie nicht ehrenamtlich, werden weltweit blendend honoriert, und da fast alle seiner Bücher zu Bestsellern geraten, summieren sich die Tantiemen zu Millionen. Ein erheblicher Teil fließt schon zu Lebzeiten Lokis gemeinnützigen Zwecken zu. Über die Loki und Helmut Schmidt Stiftung ist an späterer Stelle mehr zu lesen.

Ihre Abfindung nach Ausscheiden aus dem Lehrerdienst verwendet Loki Schmidt für einen Teppich daheim in Langenhorn, den Rest investiert sie in Holstein für den Umbau des Arbeitszimmers ihres Ehemannes sowie für den Bau zweier Garagen. Hinzu kommen nach und nach ein Schuppen, eine komfortablere Küche, eine Gästetoilette, ein Whirlpool, eine Dusche in Helmuts Arbeitszimmer und ein Bootsschuppen mit Terrasse. Der Holztisch mit den klobigen Balken und den beiden gegenüber liegenden Sitzbänken ist ähnlich »berühmt« wie das Foto der Schach spielenden Ehegatten auf dem Rasen vor der Datscha. Nehmen eben dort doch viele namhafte Persönlichkeiten Platz, um in der norddeutschen Sommerfrische Gedanken auszutauschen. Neu dazu gekauft wird ein 6,5 Hektar großes Nachbargrundstück, das zu Lokis Begeisterung als Naturbiotop erhalten bleibt. Auf dem Gelände, auf dem früher Roggen angebaut wurde, wuchert das Unterholz. Herrlich! Beglückt freut sie sich über Pflanzen und Getier, die man sonst nur selten zu Gesicht bekommen kann.

Doch wer auch in der Freizeit emsig zu malochen pflegt, darf sich über Rückschläge nicht wundern. So wird Helmut Schmidt 1990 mit akuten Herzbeschwerden in die Uni-Klinik nach Kiel geflogen. »Man arbeitet nicht ungestraft mehr als 14 Stunden am Tag«, kommentiert Freund und Nachbar Willi Berkhan sachlich. Glücklicherweise geht alles gut, wie man weiß. Das gilt ebenso für einen Vorfall 13 Jahre zuvor. An einem eigentlich prächtigen Augusttag geht der Bundeskanzler unfreiwillig im See baden. Er steuert seine Conger-Segeljolle hart am Wind – und kentert. Namensvetter Bernhard Schmidt, Genosse aus dem SPD-Ortsverband Langwedel, hilft ihm, wieder Boden unter die Füße zu kriegen. Die Aktion ist eigentlich harmlos, findet im »Sommerloch« dennoch mediales Interesse. »Schmidt rettet Schmidt« schreiben die Zeitungen.

Das Segeln lässt sich einer wie Helmut Schmidt dadurch nicht madig machen. Schließlich ist er schon als Oberschüler mit Spaß über die Außenalster geschippert. »Als Segler möchte man von den Behörden nicht belämmert werden«, stellt er in einem Interview trotzig klar. Und wenn einer Einschränkungen macht, dann Helmut Schmidt höchstpersönlich. So beschließt er eines Tages selbst, sein geliebtes Hobby einzustellen. Keineswegs wegen des Risikos zu kentern, sondern wegen der Gefahr, nach einem Sturz in das eiskalte Gewässer einen Herzschlag zu erleiden.

Erst 1998, nach vier Jahrzehnten ohne Heizung, wird das Ferienhaus erheblich modernisiert. Die Hütte wird wegen der Asbestplatten von außen verklinkert. Der Charme der in aller Welt bekannten Bude mit der Fichtenholztäfelung und dem hellgrünen Filzteppich bleibt erhalten, die Außensauna ebenso. Nichts auf der Welt, da sind sich die Schmidts einig, ist so schön wie der Norden Deutschlands. Ausnahmen bestätigen die Regel. Dazu zählen private Reisen nach Gran Canaria oder nach Mallorca. Auf der Baleareninsel verbringt Helmut Schmidt auch im Frühjahr 2011, also nach Lokis Tod, zwei Wochen à la Helmut. Sprich: Er frönt nicht dem Müßiggang, sondern arbeitet hart an einem weiteren Buchprojekt. Typisch!

Doch zurück an den Brahmsee. Zu den Freunden, die dort als Freunde willkommen geheißen wurden, gehört neben dem Schriftsteller Siegfried Lenz auch Hamburgs langjähriger Bürgermeister Henning Voscherau. Den Notar mit dem urhanseatischen Habitus verbindet mit den Schmidts von jeher ein inniges Band der Sympathie. Welches einmal fast durchtrennt worden wäre. Die Rede ist vom oben bereits beschriebenen Vorfall, als der Kanzler a. D. mit dem Rettungshubschrauber in die Kieler Uni-Klinik transportiert werden musste. Das Herz! »Ich dachte damals nicht, dass Helmut sein heutiges Alter erreicht«, kommentiert Dr. Voscherau rückblickend. Während der anschließenden Reha seien bei seinem Freund Erinnerungsprobleme spürbar gewesen. Glücklicherweise war dieses Problem rasch komplett ad acta gelegt. Sodass sowohl Loki als auch Helmut Schmidt die Idylle de Brahmsees weiter genießen konnten. Solange dies ging.

Welche Dimension die Beziehung der Schmidts und Voscheraus hatte, beweist auch die Ansprache des früheren Bür-

Henning Voscherau

1988 – 1997 Erster Bürgermeister Hamburgs

»Loki und Helmut waren und sind ein Ehepaar aus der Mitte des Volkes – bodenständig und herzlich.«

Jahre vor ihrem Tod 2010 bat Hannelore Schmidt ihren alten Vertrauten Henning Voscherau zu einem Gespräch unter vier Augen. In ihrer sachlichen, schnörkellosen Art fragte sie den Freund der Familie: »Henning, nimmst du noch einen Auftrag entgegen?« Die Rede war von jenem zukünftigen Tag, an dem Abschied zu nehmen ist. Und was dann zu sagen ist, wo jedes Wort schwerfällt. So geschah es dann auch: Bei der Trauerzeremonie für Loki Schmidt im Michel hielt der Politiker und Notar eine gefühlvolle Ansprache, die zu Herzen ging und unvergessen ist. Derweil der Witwer im Rollstuhl gramgebeugt in der ersten Reihe saß und sich an seinen Stock klammerte. Die beiden, Schmidt und Voscherau, verbinden nicht nur politische, sondern auch private Bande. Wie man in beeindruckender Weise hören konnte.

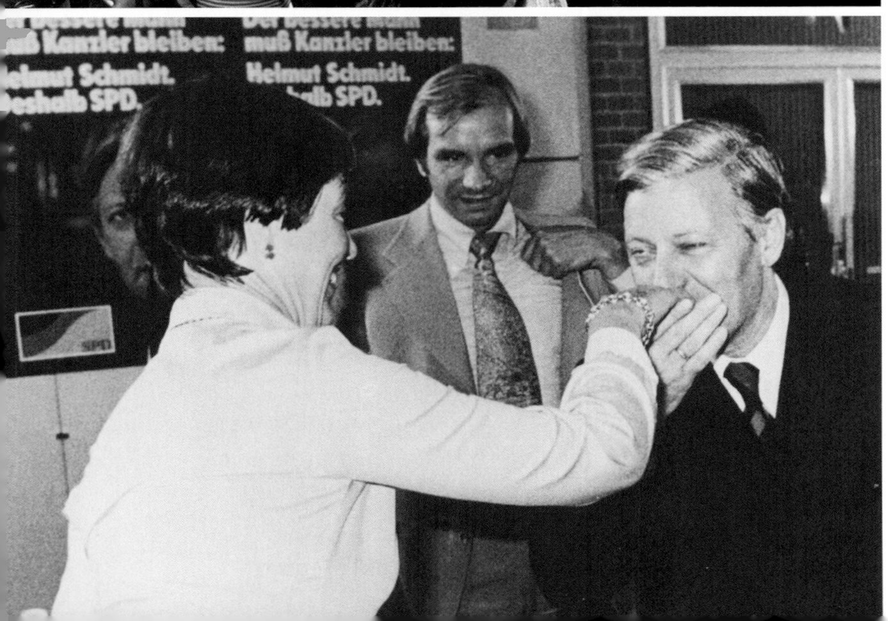

Oben: Immer „Vorwärts" 1976: Wahlkampf mal anders.

Mitte: Im SPD-Team mit Spaß bei der Sache.

Unten: Bundestagswahlkampf 1976: Ein Handkuss in Ehren …

germeisters bei der Trauerzeremonie zu Ehren Loki Schmidts im Herbst 2010 im Michel. Wer damals dabei war, vergisst Voscheraus gefühlvollen, in die Tiefe und zu Herzen gehenden Worte nie. Mehr dazu steht im letzten Kapitel dieses Buches.

Wie waren die Schmidts denn außerhalb des Protokolls, Herr Dr. Voscherau? Der Jurist lässt die Bonbons auf dem Besprechungstisch in seinem Notariat am Alstertor in der Hamburger Innenstadt links liegen und antwortet am Beispiel des kleinen Ferienhauses am Brahmsee: »Beide waren und sind ein Ehepaar aus der Mitte des Volkes – bodenständig und herzlich.« Nicht überschwänglich, sondern auf norddeutsche Art eben.

Das erste Mal sah Voscherau seinen künftigen Mentor, unvergessen, als Schüler, um 1954 muss das gewesen sein. Helmut Schmidt arbeitete zuvor in der Behörde für Wirtschaft und Verkehr in den Großen Bleichen. Da war der Weg zum Thalia Theater auf der anderen Seite der Binnenalster nicht weit. Dort war Hennings Vater Carl den Hamburgern wohlbekannt, was auch für seinen Onkel Walter im Ohnsorg-Theater galt, Letzterer unter dem Künstlernamen Walter Scherau. Beide hatten als Publikumsmagneten einen formidablen Ruf. Doch Carl Voscherau stand nicht nur auf der Bühne seinen Mann. Auch indirekt beeinflusst von seinem gleichnamigen Vater, der von 1904 an SPD-Mitglied und bis 1933 als Unterkassierer (»Treppenterrier«) seiner Partei auf St. Pauli im Einsatz gewesen war, trat Carl Voscherau 1918 der Sozialdemokratischen Partei Deutschlands bei. Er galt als gestandener Demokrat; sein Parteibuch trug die Nummer 11. Im Thalia Theater war Carl Voscherau Schauspieler, Betriebsratsvorsitzender und Aufsichtsrat in Personalunion.

19. November 1972, auf dem Weg zum Wahllokal: Loki und Schwiegervater Gustav vorn, dahinter Helmut Schmidt sowie Tochter Susanne.

Und nun saß also an jenem Tag um 1954 die Familie Voscherau inklusive Henning auf ihren Sesseln in Reihe 11, erwartungsvoll gestimmt auf das Kommende. Das Licht erlosch, doch knapp bevor der Vorhang aufging, wurde ganz vorn rechts die Tür noch einmal geöffnet. Im Halbdunkel des Lichts aus dem Foyer wurde ein Ehepaar hereingelassen; es zwängte sich in die erste Reihe. Sie mit schwarzem Bubikopf, er mit akkuratem tiefschwarzem Scheitel.

Der Mann, so erinnert sich Henning Voscherau noch heute, wirkte ausgesprochen selbstbewusst und natürlich stolz. »Wer ist das?«, begehrte der beeindruckte Henning von seiner Mutter zu wissen. »Das ist Helmut Schmidt mit seiner Frau Hannelore«, entgegnete sie. Und fügte hinzu: »Helmut Schmidt ist einer der SPD-Hoffnungsträger.« Mutter Voscherau sollte absolut Recht behalten. Mit einem freundschaftlichen Augenzwinkern konfrontierte Voscherau Genossin Schmidt später: »Loki, gib's zu, das war doch damals ein inszenierter Auftritt von euch beiden!« Sie stritt das vehement ab, natürlich.

Voscherau trat der SPD erst im August 1966 bei, rund zwei Jahrzehnte nach Helmut Schmidt. Organisiert war er im Kreisverband Wandsbek, und Politiker wollte der junge Mann eigentlich nicht werden. Voscherau erlebte den Wahlkämpfer Schmidt im Bundestagswahlkampf 1969 in dessen Wahlkreis in Jenfeld und Hohenhorst, und zwar nach eigenem Bekunden »aus der Dackelperspektive«. Helmut Schmidt, der für den Kreis Bergedorf für das Parlament kandidierte, fiel dem kleinen Veranstaltungshelfer Voscherau durch seine schneidigen, rhetorisch geschliffenen Reden, aber auch durch seine »unglaubliche Fähigkeit« auf, die Vornamen aller möglichen Genossen im Kopf abgespeichert zu haben. Speziell im Gedächtnis blieb Voscherau bis heute eine Wahlkampfrede Schmidts im Wahlkampf 1987 an der Seite des Kanzlerkandidaten Johannes Rau – im Dortmunder Westfalenstadion. »Diese Volksmassen«, sagt Voscherau heute, »und dann Helmut Schmidt, schon nicht mehr stehend, sondern nur noch im Sessel, der den Kumpel die Weltwirtschaft erklärt. Das beeindruckt mich immer noch.«

Gleichfalls unvergessen ist ihm eine SPD-Wahlkampfveranstaltung 1976 mit dem damaligen Bundeskanzler in Hamburg. Die Schulaula war mit 1000 Besuchern rammelvoll, und vor der Tür standen weitere 1000 Sympathisanten. »Helmut, Helmut!«, rief das SPD-Volk kollektiv – doch dieser kam nicht. Zuvor hatte das Bundeskriminalamt den Saal »einmal umgedreht«, wegen der latenten Terrorismusgefahr, und vor dem Rednerpult auf der Bühne einen dreiteiligen schusssicheren Schutz errichtet.

Erwartungsvoll und geduldig harrte das Volk drinnen und draußen auf seinen Tribun. Voscherau war Versammlungsleiter und hatte die undankbare Aufgabe, die Menge hin- und bei Laune zu halten. Mit 45 Minuten Verspätung betrat der Kanzler die Aula. Tosender Jubel, auch von draußen, und Schmidt betrat den Mittelgang. Voscherau atmete erleichtert auf, sein Pulver hatte er längst verschossen, und die Bürger wollten ja Schmidt, nicht ihn. Doch dann eilte ein Polizist Schmidt hinterher und flüsterte ihm etwas ins Ohr. Prompt machte der Kanzler kehrt und verließ den Saal wieder. Was nun? Am Telefon im Hausmeisterbüro wartete Kanadas Premier Pierre Trudeau auf ein Gespräch mit dem deutschen Bundeskanzler. Die Ratlosigkeit der Versammlungsgäste wich dem Stolz: Sie waren dabei, und dafür warteten sie gern.

Mit nunmehr einstündiger Verspätung kam der Kanzler dann doch auf die Bühne. »Es ist die siebte Wahlkampfveranstal-

Wahlkampf 1976, ach, wie war's gemütlich: Helmut Schmidt mit Genossen in einer Kneipe am Brahmsee.

»Meine Frau findet, ich rede schon zu lange und soll langsam aufhören.«

tung heute«, sagte er erschöpft zu Versammlungsleiter Henning Voscherau. Doch los ging es immer noch nicht, trotz zunehmender Unruhe im Saale. Erst muss Schmidt gebrieft werden. Wo bin ich? Wann war ich hier zuletzt? Ist eine Fabrik in der Nähe? Wer ist der Betriebsratsvorsitzende? Ist er heute Abend hier? »Er war und ist eben Profi durch und durch«, sagt Voscherau. Nach diesen Informationen habe Helmut Schmidt den Anwesenden die Welt und Deutschlands Rolle darin erklärt und die Menschen 75 Minuten lang quasi von den Sitzen gerissen.

Doch unvermittelt, der Kanzler erreichte just Höchstform, erhob sich Loki schweigend in der ersten Reihe, blickte ihrem Ehemann in die Augen, demonstrativ ihre Armbanduhr schwenkend. »Helmut unterbrach seine Ausführungen mitten im Satz«, erzählt Voscherau lachend, »wies auf seine Frau und erklärte: ›Meine Frau findet, ich rede schon zu lange und soll langsam aufhören.‹ Der Schluss dauerte aber auch fast noch zehn Minuten weiter.« Nach eineinhalb Stunden höchster Anspannung und dem achten Wahlkampftermin dieses Tages fiel er völlig kaputt in seinen Sitz auf dem Podium und raunte Voscherau zu: »Keine Fragen bitte.« Nichts ging mehr.

»Die Veranstaltung hatte beinahe gottesdienstähnlichen Charakter«, fährt Voscherau fort. »So etwas gibt es heute nicht mehr.« Hinterher ging es dann, wie immer, mit einer Handvoll vertrauter Genossen in eine Eckkneipe in der Nachbarschaft. Auf ein oder zwei Bier. Loki kam mit, keine Frage. Voscherau, der im Jahr darauf für zwei Legislaturperioden zum Ersten Bürgermeister Hamburgs gewählt wurde, beschreibt Helmut Schmidt als unkomplizierten Menschen, der seine Herkunft und seinen Werdegang niemals vergessen habe. Haften geblieben ist ihm

Zwei, die sich immer verstanden:
Hamburgs Bürgermeister
Henning Voscherau 1991 mit
seiner Vertrauten Loki Schmidt.

gleichfalls die später folgende Debatte um den Nato-Doppelbeschluss, den Schmidt unbedingt durchsetzen wollte, um die Sowjets zur Abrüstung ihrer Mittelstreckenraketen zu nötigen – gegen die mehrheitliche Stimmung in der Partei. Es war die Zeit einer starken Friedensbewegung und immer einflussreicherer Grüner. Auf drei SPD-Parteitagen in Berlin, München und Hamburg war Schmidt mit Erfolg für die Außen- und Sicherheitspolitik der sozialliberalen Koalition eingetreten. Auf dem Bundesparteitag 1983 in Köln aber, nach dem Weg der SPD in die Opposition, gehörte Courage dazu, weiter für den Doppelbeschluss einzutreten und die »doppelte Nulllösung« als Abrüstungskonsequenz vorauszusagen. »Unbeugsam, schneidend, mutig«, wie sich Voscherau erinnert, vertrat Schmidt, nun gegen den Strom und auf verlorenem Posten, die unveränderte praktische Vernunft seiner Linie als Bundeskanzler. Ein verlorenes Häuflein von Schmidt und nur 13 weiteren Aufrechten, unter ihnen fünf aus Hamburg, hielt den Anfeindungen stand – und blieb sich treu. »Schmidts Gegenrede war prophetisch, und letztlich ist jedes seiner Worte eingetreten«, sagt Henning Voscherau.

Wir schildern diese Momente an dieser Stelle so detailliert, weil sie ungemein viel aussagen über Einstellung, Art und Auftreten Helmut Schmidts. Wer könnte als Zeitzeuge geeigneter sein als Henning Voscherau?

Dieser war auch bei einem weiteren emotionalen Moment präsent. Es ist Freitag, der 1. Oktober 1982, ein nicht nur für Sozialdemokraten kühler Herbsttag. Durch ein konstruktives Misstrauensvotum der Opposition im Parlament in Bonn wird Bundeskanzler (und Außenminister!) Helmut Schmidt gestürzt und von Helmut Kohl abgelöst. 256 Abgeordnete votieren für den CDU-Kandida-

Die beiden Herren waren sich nicht immer grün: Bundeskanzler Helmut Schmidt im Jahr 1976 mit dem SPD-Vorsitzenden Willy Brandt.

ten. Am Tag darauf, es ist ein Sonnabend, trifft Schmidt mit dem Flugzeug in Fuhlsbüttel ein und wird von dort nach Langenhorn gefahren. Einer wie Helmut Schmidt lässt sich zwar naturgemäß keine Gefühle anmerken, aber es wird ihn gerührt haben, was er auf der praktisch letzten Dienstfahrt erlebt. Vom U-Bahnhof Kiwittsmoor bis zur Tangstedter Landstraße und weiter bis zum Schmidt-Haus am Neubergerweg bereiten ihm die Hamburger einen ergreifenden Fackelzug. Viele Tausend sind es, die meisten schweigen, fast alle haben brennende Fackeln in den Händen. Nicht nur Sozis zollen auf diese Weise einer Persönlichkeit Respekt, die viel für ihr Land und ihre Heimatstadt unternommen hat.

Vor dem Doppelhaus Neubergerweg 80–82 steigt Helmut Schmidt auf die Ladefläche eines in aller Eile organisierten Pritschenwagens. Und da steht er nun, der stolze Hanseat mit dem Schal und der Helgoländer Lotsenmütze, erdverwachsen und unerschütterlich. Er richtet einige Worte an die Menschen und grüßt dann immer und immer wieder die vorbeiziehenden Hamburger mit ihren Fackeln. So harrt er in der Dunkelheit aus, bis so gut wie alle vorbeigelaufen sind. Auch Henning Voscherau gehört dazu, seinerzeit Fraktionsvorsitzender und stellvertretender Landesvorsitzender der SPD.

Und jetzt folgt ein Ereignis, das der Öffentlichkeit nicht bekannt ist, jedoch Bände spricht. Voscherau entsorgt seine Fackel, verabschiedet sich von einigen Mitstreitern, fährt heimwärts und legt sich ins Bett. Um ein Uhr nachts klingelt das Telefon. Es ist Klaus von Dohnanyi, der Bürgermeister. Er überbringt eine aktuelle Botschaft Helmut Schmidts. »Klaus, jetzt musst du sofort wählen lassen – besser wird's nicht!« Voscherau antwortet prompt: »Helmut hat doch recht!« Beide verabreden für den gleichen Tag um 17 Uhr in Dohnanyis Wohnung ein Gespräch zu viert mit Ortwin Runde und Jörg König. Sodann wünscht man sich eine gute Nacht. Nach einigem Hin und Her beschließen die vier die Beendigung der Sondierung mit der von den Fundis beherrschten GAL von 1982 und die Neuwahlen. Die Rechnung geht auf: Bei der sogenannten Schmidtleidswahl am 19. Dezember 1982 erreicht die SPD satte 51,3 Prozent und damit die absolute Mehrheit in der Bürgerschaft.

Typisch Schmidt! Trotz der Abwahl als Kanzler und trotz der Emotionen des ergreifenden Empfangs so vieler Hamburger vor seinem Haus waren die ersten Gedanken sachlich und konstruktiv. Wie es sich für einen erstklassigen Strategen und pflichtbewussten Diener seiner Partei gehört. Es ist die preußische Note am Hanseaten.

Helmut Schmidts Konzerte – privat und vor großem Publikum

Harmonie mit Note: Im Hause Schmidt gab jeder den Ton an – nach seiner individuellen Fasson. Wichtig war, dass am Ende der Einklang stimmte.

Trautes Heim mit Note: Beschauliches Familienkonzert bei den Schmidts in Langenhorn (November 1965).

Volle Konzentration am Flügel.

Oben links: Schmidt im Gespräch mit dem Dirigenten Leonard Bernstein (September 1985).

Links: Haste Töne! Am 21.12.1981 spielt Helmut Schmidt im Emi-Tonstudio in London eine Platte mit Mozart-Stücken ein.

Oben rechts: ein Klavier, ein Klavier – auch im Kanzlerbungalow.

7

Heimliche Hauptstadt Hamburg: Im Doppelhaus in Langenhorn macht Helmut Schmidt Weltpolitik. Staatsmänner gehen ein und aus. Und Loki sorgt dafür, dass alle auf dem Teppich bleiben.

Eine Aufnahme mit Seltenheitswert: Die Schmidts 1974 vor ihrem Haus in Langenhorn.

Die Welt zu Gast in Langenhorn: 1978 war KPdSU-Boss Leonid Breschnew zu Besuch.

Das muss man sich einmal auf der Zunge zergehen lassen. Nicht die Tomatensuppe mit Kalbfleischklößchen oder den Spargel mit Holsteiner Katenrauchschinken, allesamt Köstlichkeiten, die an diesem 6. Mai 1978 im Hause Schmidt gereicht werden. Delikat vielmehr ist etwas ganz anderes: Da reist der zumindest zweitwichtigste Mann der Welt, KPdSU-Chef Leonid Breschnew, mit einem 130-köpfigen Tross aus Moskau nach Deutschland, um ganz große Politik zu machen. Und wo setzt sich der mächtige Russe mit dem deutschen Kanzler an einen Tisch? In einem ganz normalen, rot geklinkerten Doppelhaus in Hamburg-Langenhorn. Mit Jägerzaun, kleiner Pforte, putziger Gartenlampe, Rhododendren und Tannen dahinter.

Fast ist es nicht zu glauben, und tatsächlich reibt sich mancher verblüfft die Augen, als Fernsehbilder dieses höchst ungewöhnlichen Polittreffs in aller Herren Ländern gezeigt werden. Auch Breschnew selbst weiß offensichtlich nicht so recht, ob er im richtigen Film mitspielt. »Wo ist denn die Mauer?«, will er wissen. In Anbetracht der hermetisch abgeriegelten Privathäuser und Datschen der herrschenden Kommunisten in der DDR und daheim in der Sowjetunion konnte sich Gospodin Leonid partout nicht vorstellen, dass Deutschlands Regierungschef in solchen bescheidenen, alles andere als luxuriösen Umständen lebt. Auch dem Moskauer Protokoll können die besonderen Umstände dieses Besuchs nicht absolut klar gewesen sein, sonst hätten sie ihren allmächtigen Boss besser gebrieft.

»Welche Mauer, Herr Staatspräsident?«, fragt Loki Schmidt via Dolmetscher nach. Na ja, meint Breschnew, die Sicherheitsabsperrung, der Schutz, das ganze Gedöns, wie der Hamburger so sagt. Dass die Mauer zwischen beiden deutschen Staaten ein gutes Jahrzehnt später fallen wird, kann der Gast aus dem Osten in diesem Moment keinesfalls ahnen, doch begreift er rasch, dass im Falle Schmidt andere Grundregeln herrschen als von ihm bis dato angenommen.

An seinem Appetit ändert das nichts: Die im Esszimmer von Loki und Helmut Schmidt am Neubergerweg 80–82 kredenzte Speisefolge ist sehr nach seinem Geschmack. Neben dem erwähnten Süppchen kommen nach und nach Spargel, Schinken, neue Kartoffeln sowie Buttersoße auf den Teakholztisch, an dem ausgezogen zwölf Personen Platz finden. Auch das Dessert, so berichten die Tafelgäste Willy Brandt und Hans-Dietrich Genscher später, sei nach Breschnews Gusto gewesen: sahniges Speiseeis mit Rumtopffrüchten. Ansonsten labte sich der Russe mit dem bärigen Naturell diesmal nicht an Wassergläsern voller Wodka, sondern an zum Menü passenden Weinen aus deutschen Anbaugebieten. Zum Schluss einen kleinen Absacker kann niemand verwehren. Nicht nur politisch ist das Eis gebrochen.

Gekocht hat diesmal nicht die Hausfrau persönlich, sondern Peter Lüttgens aus der »Neuen Milchwirtschaft« am Stadtpark in der Nähe. Das läuft exzellent so, seit sich bei ihm telefonisch eine »Frau Schmidt« meldete und nach Außer-Haus-Küche fragte. Geht leider nicht, so die Antwort. Der zaghafte Hinweis, sie sei die Frau des Kanzlers, machte dann doch Unmögliches möglich. Gemeinsam mit einem Koch und zwei Kellnerinnen hat sich Restaurantchef Lüttgens, soweit möglich, in Lokis Miniküche breitgemacht. Dagegen hat Frau Schmidt die Blumen selbst ausgesucht: Anemonen, Babyrosen und Fresien, in Harmonie

Zwischenzeitlich hat eine Mütze Karriere gemacht.

Politisch wie privat ein Herz und eine Seele: In Vorbereitung auf den Wirtschaftsgipfel empfängt Helmut Schmidt im Juni 1978 Frankreichs Staatspräsidenten Valéry Giscard d'Estaing.

mit den rosafarbenen Vorhängen und dem Wandschmuck, einer rot-grünen Batik, ein Augenschmaus.

Gemütlich ist es bei den Schmidts, keine Frage. Gut gesättigt und bester Dinge kommen sich der Kanzler und sein Moskauer Gast auch beim vertraulichen Gespräch weltpolitisch näher. Ein bisschen zumindest. Denn auf das Klima kommt es entscheidend an. Offensichtlich hat es jene spezielle Note, die es anderswo in dieser Form nicht gibt. Konsequenz: Helmut Schmidt, von sozialdemokratischem Bürgerstolz beseelt, bittet immer öfter die Großen der Erde in sein kleines Refugium nach Langenhorn. Wohnfläche in der Anfangsphase: 120 Quadratmeter. Gleichzeitig erweist er seiner Heimatstadt einen Dienst und zeigt dem Wähler im eigenen Lande: Seht her, Leute, was für ein normaler und bodenständiger Mensch euer Bundeskanzler ist! Was den Amerikanern der Landsitz Camp David, ist den Deutschen der Neubergerweg, die nach dem Mediziner Professor Theodor Neuberger benannte Verbindung zwischen Alsterkrugchaussee und Tangstedter Landstraße. Grün und beschaulich ist es hier südlich von Ochsenzoll, dennoch absolut keine Villengegend.

Quasi Premierengast ist am 8. Juni 1976, zwei Jahre nach Helmut Schmidts erstmaliger Wahl zum Bundeskanzler, Polens Parteichef Edward Gierek. Zu diesem Anlass werden die Ehrenkompanie der Bundeswehr wie auch das Bonner Protokoll in die Hansestadt dirigiert. Loki reicht ein kleines Frühstück mit Matjessalat nach Hausfrauenart, Katenschinken, selbst eingekochter Marmelade und knusprigen Rundstücken. Man kommt sich näher.

Und zwar immer öfter. In den insgesamt acht Jahren Schmidt'scher Kanzlerschaft geben sich namhafte Persönlichkeiten fast die Klinke in die Hand. Kanadas Premier Pierre Trudeau reist ebenso nach Hamburg wie Ägyptens Staatschef Sadat oder Juan Carlo aus Spanien. Dänemarks Ministerpräsident Anker Joergensen kommt mehrfach am Wochenende zum Hausbesuch in den Neubergerweg, und auch Griechenlands Konstantin Karamanlis wird von Loki und Helmut Schmidt herzlich willkommen geheißen. Für den Politiker aus dem Südosten Europas bereitet die Crew aus der »Milchwirtschaft« Blankeneser Rauchsalat mit allem möglichen Fisch, Gurkenrahmsuppe, Braten und zum Ausklang Eisbecher Alaska. Weitere Ehrengäste auf privatem Parkett sind Hollands damalige Kronprinzessin Beatrix und Spitzenpolitiker aus Portugal, der Tschechoslowakei, Mexiko, Kamerun und Italien. Wer sonst in Palästen und prunkvollen Sälen Hof hält, weiß das persönliche Ambiente als Kontrast zu schätzen.

Zwischenzeitlich hat eine Mütze Karriere gemacht: Bei Sturm, Schnee und Wind, ja selbst im Sommer pflegt Helmut Schmidt eine Kopfbedeckung zu tragen, die längst zur inoffiziellen Kanzlerkluft geworden ist. Prinz-Heinrich-Mütze, sagen die einen, Elbsegler die anderen. Alles Kokolores, um im Schmidt-Jargon zu bleiben. Denn bei dem guten Stück handelt es sich um nicht anderes als eine Helgoländer Lotsenmütze: Der Mützendeckel ist klein, um dem Wind wenig Angriffsfläche zu bieten. Um den hohen Steg windet sich ein Band mit Eichenlaub. Ursprünglich hatte die Mütze nur eine gedrehte Kordel, neuerdings sind es meist zwei. Das erste Prachtexemplar kauft sich Helmut Schmidt 1970 in Nortorf bei Neumünster. Heute trägt er die dritte oder vierte dieser Sorte, erstanden bei Mützenmacher Walther Eisenberg in der Steinstraße. Auch Vater und Großvater

Macher mit Pfeife (1973).

pflegten sie zu tragen. Europas Spitzenpolitiker staunen nicht schlecht, als der Deutsche zum Treffen der europäischen Staatschefs 1975 in Dublin mit der Lotsenmütze aufmarschiert.

An das heimliche Kanzlerbüro in Hamburg-Langenhorn haben sie sich schon gewöhnt. Auch die Deutschen wissen, dass Hamburg oben ist. Zumal Schmidt unentwegt seine Treue zur Hansestadt bekennt. Das Schmidt'sche Heim hat sich längst von der kleinen, kargen Doppelhaushälfte für 128 000 Mark aus dem Jahr 1961 zu einem schnuckeligen Heim gewandelt. Niemals handelte es sich um ein Reihenhäuschen, wie bis zum heutigen Tage immer wieder geschrieben wird. Kompletter Quatsch, würde der Hausherr sagen. Das Doppelhaus befindet sich nur in einer Reihenhaussiedlung am Neubergerweg, die in Wirtschaftswunderzeiten von der Neuen Heimat und der Schiffszimmerer-Genossenschaft errichtet wurde. Anfangs gab es dort noch nicht einmal eine richtige Straße. Später investieren die Schmidts selbst eine Menge: 1974 rund 280 000 Mark für Anbauten, ein Schwimmbad und Garagen. 1978 werden noch einmal 145 000 Mark aufgebracht. Hinzu kommen etwa 600 000 Mark vom Staat, um das Kanzlerheim mit schusssicheren Scheiben und Sicherheitstechnik auszurüsten. Schließlich besteht durch die RAF latente Terrorgefahr. Auch heute noch ist neben den vier braunen Garagentoren ein Aufenthaltsraum für die Polizei untergebracht. Wobei der Bundeskanzler schon in aktiven Zeiten darauf besteht, Männer seines Vertrauens als Bodyguards an der Seite zu haben. Waschechte Norddeutsche wie Waldemar Guttmann und Ernst-Otto Hoyer. »Otti« kommt später auch anderweitig zum Einsatz: nicht mit einem Revolver, sondern mit einem Shaker in der Hand – als Barkeeper im Schmidt'schen Haus.

Apropos: Sowohl Loki als auch Helmut Schmidt beweisen ihre menschliche Note auch dem Sicherheitspersonal gegenüber bis ins hohe Alter. Was für die Bewacher vom Brahmsee ebenso gilt: Am Wochenende, so die Schmidts da sind, geht es regelmäßig in einen Dorfgasthof zum gemeinsamen Essen. Sauerfleisch und Bratkartoffeln werden dort aufgetischt, pfundige Schnitzel oder Gulasch Hausmacherart. Helmut Schmidt ist von jeher ein »schlechter Esser«: Während der Kanzlerära in Bonn ernährt er sich tagsüber manchmal ausschließlich von Dosensuppen, und im Dorfkrug lässt er stets etwas auf dem Teller liegen. Gilt auch für das geliebte Labskaus, das er gern im Old Commercial Room gegenüber dem Michel bestellt – am Tisch ganz vorn rechts vom Eingang. »Beim Labskaus wurde er schwach«, erinnert sich Wirt »Buttje« Rauch.

Zu Hause in Langenhorn steht Loki mehr auf gesunde Kost, bereitet Salate zu und achtet auch bei ihrem Ehemann auf eine ausgewogene Ernährung. Vor seinem Wechsel in das Seniorenstift in Rissen bewohnt Helmut Schmidts Vater Gustav die zweite Doppelhaushälfte, später zieht dort Tochter Susanne ein, anschließend nutzen Loki und Helmut beide Seiten. Natürlich haben sie ihre privaten Nischen und Kämmerlein, doch ist ein Teil des Hauses der Öffentlichkeit durchaus vertraut. Weil bei dermaßen vielen Staatsmännern natürlich auch vorübergehend Fotografen zugelassen werden, sodass sich ein gutes Bild der Wohnverhältnisse ergibt.

Im 42 Quadratmeter großen Wohnzimmer steht ein dunkles Ledersofa, dessen Rückenkissen mit Daunen gefüllt sind. Hier ist auch die Heimorgel untergebracht, auf der Helmut Schmidt in seiner raren Freizeit gern spielt. Im Raum mit dem Rotklinker-

Valéry Giscard d’Estaing

1974 – 1981 Staatspräsident Frankreichs

»Helmut Schmidt legte immer Bescheidenheit an den Tag und mied jegliche Zurschaustellung oder Inszenierung im politischen Leben. Er machte sich regelmäßig lustig über die protokollarischen Vorlieben der Franzosen.«

Dieses Foto schrieb Geschichte: Bundeskanzler Helmut Schmidt sitzt in der »Kneipe« seines Langenhorner Hauses, eine Zigarette in der Linken und einen Drink vor sich. Ihm gegenüber an der Theke hockt der französische Staatspräsident Valéry Giscard d’Estaing. Der Barmbeker Macher und der feinsinnige Aristokrat feilen erfolgreich an der Achse Paris – Bonn – Hamburg. Ohne das privat wie politisch vertraute Tandem lief zeitweise nicht viel in der Weltpolitik. Man nannte sich beim Vornamen und sprach Englisch miteinander. Monsieur Giscard d’Estaing, der Loki einmal auch ein schickes Hermès-Seidentuch mitbrachte, zählte und zählt zu den Stammbesuchern im Hause Schmidt.

Feuer frei! Mit »Monsieur Valéry« in der heimischen »Kneipe«.

Henry Kissinger

1973 – 1977 US-Außenminister

»Insgesamt war ich gewiss 30-mal am Neubergerweg. Wir sprachen immer über große Politik, aber auch über Privates.«

Vertraute Helmut Schmidts verblüfft das phänomenale Gedächtnis des früheren Bundeskanzlers. Diese Gabe teilt der Politiker aus Barmbek mit einem in Erlangen geborenen Freund und Weggefährten, der in den USA als Staatsmann großartige Karriere machte: Henry Kissinger. Beide sind weit über die Politik hinaus befreundet und nutzen die regelmäßigen Treffen zur Tour durch die Weltpolitik, aber auch zu sehr persönlichem Gedankenaustausch. Mal sprechen die beiden Granden auf Deutsch, mal auf Englisch. Beide verbindet das Interesse an globalen Einschätzungen, aber auch an militärstrategischen und Zukunftsfragen. Bisweilen klingelt in Langenhorn das Telefon: »Hi, Helmut, hier ist Henry!«

Kamin befindet sich der Schachtisch. Auch hier werden Fotos geschossen, die um die Welt gehen. Auf dem Schreibtisch des Hausherrn stehen ein Globus sowie diverse Behälter für Schreibstifte, nebenan und dahinter befinden sich prall gefüllte Bücherregale. Im Keller sind Stahlregale mit weiteren Büchern, internationalen Lexika und Akten untergebracht. Klar, dass sich dazwischen überall Lokis Schätze befinden: ausgestopfte Vögel sowie seltene Mineralien, römische Gläser, eine Schale aus Ecuador und Versteinerungen seltener Farne in einer beleuchteten Vitrine.

International bekannt ist gleichfalls das helle, in Weiß gehaltene Esszimmer mit dem zuvor erwähnten Ausziehtisch. Dazu zählt ein großformatiges, surrealistisches Gemälde an der Wand. Auch in den anderen Zimmern sind Drucke und Bilder zu sehen, darunter Arbeiten des Worpsweder Künstlers Otto Modersohn oder Werke des nur wenig bekannten Hamburger Malers Paul Kayser. Direkt neben dem Esszimmer, für das erst durch einen Anbau zwischen Doppelhaushälfte und Garagentrakt Platz geschaffen wurde, befindet sich die Bar.

Dort wurde auch eine der vielleicht legendärsten Aufnahmen gemacht: Bundeskanzler Helmut Schmidt im vertraulichen Tête-à-tête mit Frankreichs Staatschefs Valéry Giscard d'Estaing. Der Aristokrat mit den feinen Manieren, der für die Dame des Hauses ein Hermès-Tuch mitgebracht hat, kommt am 25. Juni 1978 schon zum zweiten Mal in den Neubergerweg, und er wird dies noch öfter tun. An diesem Tag lässt Loki Schmidt aus der »Neuen Milchwirtschaft« am Jahnring 21 Steinbutttaschen, Fasanenkraftbrühe, Filetsteak mit Schlosskartoffeln sowie Eisbecher Romanoff auftischen. Nach dem gemeinsamen Mahl ziehen sich die Herren an die Bar zurück. Schmidt trinkt Cola,

In Valéry Giscard d'Estaings Anwesenheit pflegte Helmut Schmidt sogar zu schnupfen.

wie Fotos dokumentieren. Zwischen den beiden entwickelt sich mehr als nur politische Verbundenheit auf der Achse Paris–Bonn–Hamburg. Man spricht Englisch miteinander, nennt sich beim Vornamen, siezt sich jedoch. Der freundschaftlichen Verbindung tut das keinen Abbruch. Im Gegenteil.

Freunde und Weggefährten

Auch heute noch erinnert sich Monsieur Giscard d'Estaing für dieses Buch gern an diese konstruktiven Treffen im Hause Helmuts: »Das erste Mal war ich überrascht gewesen über die Einfachheit und die natürliche Bescheidenheit des Wohnhauses der Schmidts. Keinerlei Prunk oder Luxus schmückte das Heim des Bundeskanzlers, und doch wirkte es gleichzeitig sehr gepflegt und schön gehalten. Ich weiß noch, dass ich damals dachte, das Haus gleicht seinem Herrn: norddeutsch und authentisch. Helmut Schmidt legte immer Bescheidenheit an den Tag und mied jegliche Zurschaustellung oder Inszenierung im politischen Leben. Er machte sich regelmäßig lustig über die protokollarischen Vorlieben der Franzosen. Ich schätzte die langen Gespräche mit ihm sehr.«

Derweil der Franzose über weitere Details diskret schweigt, plaudert er in seinem 1988 erschienen Buch »Die Macht und das Leben« auf 400 Seiten ein wenig aus dem Nähkästchen. Am Rande eines deutsch-französischen Treffens im Elysée-Palast in Paris erleidet sein politischer Weggefährte und Freund Helmut Schmidt eine Malaise. Der Kanzler, der nach wie vor Kettenraucher ist, zwischendurch immer wieder aufzuhören versuchte und via Boulevardzeitung sogar jedem 100 Mark versprach, der ihn je wieder mit einer Zigarette erwischen würde, sinkt schlicht und ergreifend nieder. Außer den beiden Staatschefs ist niemand im Raum – und Aufsehen machen möchte der Franzose partout nicht.

»Ich helfe ihm, aufzustehen und sich auf dem Sofa auszustrecken. Er antwortet mir nicht. Sein Kopf fällt zur Seite, seine Augen stieren zur Decke«, schreibt Valéry Giscard d'Estaing. »Helmut muss das Bewusstsein verloren haben.« Um die Presse nicht hellhörig zu machen, ruft er selbst den Arzt. Am Ende, wie so oft, steht Schmidt wieder auf den Beinen, und alles ist nur halb so schlimm.

Der Präsident der benachbarten Republik berichtet zudem von einem bewegenden Vorfall aus dem Jahre 1980, ein Jahr vor dem Ende seiner und zwei Jahre vor dem Ausklang von Schmidts Amtszeit. Unter vier Augen erzählt der Deutsche dem Franzosen ein Geheimnis, das heutzutage bekannt, seinerzeit jedoch tatsächlich aufregend ist. So erfährt Monsieur Giscard, dass Schmidts Vater Gustav in Wahrheit Sohn eines jüdischen Bankiers aus Norddeutschland ist. Wie vorn in diesem Buch ausführlich beschrieben. Nach der Schilderung dieser eigentlich harmlosen, während der Nazidiktatur indes verhängnisvollen Tatsache »ist Helmut in den Wagenfond gesunken«, erinnert sich Giscard d'Estaing. »Er hat nichts anzufügen. Ich auch nicht. Was ließe sich schon sagen, was nicht eine unwürdige Banalität wäre?«

Es versteht sich, dass die beiden Staatsmänner im Unruhestand nach wie vor engen Kontakt halten. Anlässlich Lokis Tod schickt der Franzose einen persönlichen Brief nach Hamburg, über dessen Inhalt Stillschweigen bewahrt bleiben soll. Ein Vierteljahr nach der Trauerzeremonie in St. Michaelis publiziert die Edition Temmen im Auftrag der Loki und Helmut Schmidt Stif-

Lebenslang ein bekennendes Arbeitstier:
Helmut Schmidt am Schreibtisch (November 1965).

Weltpolitik in Langenhorn: Staatsbesuch von Leonid Breschnew am Neubergerweg (Mai 1978).

tung ein Buch mit dem Titel »Helmut Schmidt und Valéry Giscard d'Estaing – Auf der Suche nach Stabilität in der Krise der 70er Jahre«. Autor Matthias Waechter zeigt auf, wie das deutsch-französische Tandem auch ob seiner privaten Harmonie Europa entscheidend voranbrachte und somit Geschichte schrieb.

Doch zurück in die Kanzlerzeit, zurück nach Hamburg-Langenhorn. Quasi »Stammgast« und weiterer enger Vertrauter ist der amerikanische Staatsmann und Stratege Henry Kissinger, ein gebürtiger Franke, dessen Familie vor dem Nationalsozialismus nach Übersee flüchtete. Auch diese beiden Persönlichkeiten verbindet mehr als Macht und weltpolitischer Einfluss.

Erstmals besuchte Henry Kissinger seinen späteren Freund als Professor und Wissenschaftler in dessen Heim. »Insgesamt war ich gewiss 30-mal am Neubergerweg«, schrieb Kissinger für dieses Buch. »Zuletzt 2009. Wie immer sprachen wir über große Politik, aber auch über Privates.« Gern erinnere er sich an Lokis bodenständige Gerichte und an das eine oder andere gemeinsame Glas Wein. Manchmal redete man Englisch, meist jedoch Deutsch. Die spezielle Atmosphäre im Hause Schmidt trägt auch in einem besonders originellen Fall dazu bei, sich privat näherzukommen. Zu fortgeschrittener Stunde, das Menü ist beendet und die vierköpfige Küchenbrigade abgerückt, steht dem amerikanischen Gast der Sinn nach einem Absacker. Die Weingläser indes befinden sich komplett in der Spülmaschine, und die funktioniert ausgerechnet jetzt nicht. Unkompliziert, wie sie ist, wäscht Loki das Geschirr ab, derweil Helmut eine Flasche entkorkt.

Selbstverständlich finden alle diese hochrangigen Treffen unter starken Sicherheitsvorkehrungen statt. Was auch für die heimlichen Besuche des bayerischen Ministerpräsidenten und CSU-Bosses Franz-Josef Strauß gilt. »Geheimdiplomatie im Küchenkabinett Schmidt« nennen es die einen, andere wundern sich über den enormen Stellenwert der Hansestadt. »Heimliche Hauptstadt Hamburg«, schreibt die »Welt am Sonntag« im April 1980 und befindet: »Helmut Schmidt verlegt die Macht vom Rhein an die Elbe.« Nicht ganz »unschuldig« an diesem Trend pro Hamburg, dem nun auch politischen Hoch im Norden, ist Schmidts alter Freund und Nachbar Hans Apel. Der Finanzminister wohnt in der Nähe und gehört fast schon zum Inventar.

Unter solchen Gesichtspunkten erdulden die Nachbarn zeitweise Unruhe mit norddeutscher Gelassenheit. Nicht immer ist

Exzellente Stimmung in Schmidts Wohnzimmer.

es schließlich so aufregend wie beim Breschnew-Staatsbesuch, als der Sicherheitsstab 4000 Personen umfasst, Autos aus dem Neubergerweg und den Anrainerstraßen abgeschleppt werden und die Kolonne des KPdSU-Chefs aus 30 schwarze Limousinen besteht – Peterwagen und die Motorradstaffel der Polizei gar nicht mitgerechnet. Immerhin ist das Risiko in des Kanzlers Nähe höchst gering, Opfer eines Einbruchs oder Überfalls zu werden.

Und in der Regel geht es ja auch lauschig zu im schönen Langenhorn. Natürlich macht manches Blatt mehr daraus. Lässt die gute Frau Gertrud Kückler zu Wort kommen, die Kassiererin vom benachbarten »Pro«-Markt. Ähnliches gilt für den Postboten Ernst Fröhlich, nomen est omen, der zu Weihnachten von den Schmidts Zigarren und Schnaps bekommt. Die Hardows verstehen sich exzellent mit ihrem prominenten Nachbarn, und als ein weiterer direkter Anlieger seinen Gartenteich zuschüttet, nimmt Loki die Goldfische in Obhut. Steht so zumindest in der Zeitung. Zeitweilig wird sogar Jaspis, Susanne Schmidts Hovawart, zum Medienstar. Zumindest bleibt den Bewohnern im Doppelhaus Neubergerweg 80–82 das sichere Gefühl, dass ihr Heim durch den Garagentrakt weitgehend uneinsichtbar ist. Vom Bürgersteig mit den alten Gehwegplatten aus sind nur das leicht schräge Dach sowie eines der großen Fenster des zweistöckigen Gebäudes zu erkennen. Bei Google übrigens haben die Schmidts ihr Grundstück nicht pixeln lassen. Wahrscheinlich ahnt der nicht unbedingt internetaffine Hausherr gar nicht, dass es »so'n neumodischen Krams« überhaupt gibt. Gefahr jedoch droht nicht, da das kleine Anwesen auch heutzutage rund um die Uhr bewacht wird. Ein Leben ohne umfangreichen Schutz kennt Helmut Schmidt seit Jahrzehnten nicht mehr. Eine Kehrseite der Medaille …

Beste Tradition, bis zum heutigen Tage, hat dagegen eine bewährte Einrichtung, die Helmut Schmidt mit seinem Freund Peter Schulz ins Leben ruft: die berühmte »Freitagsgesellschaft«. Zu den Persönlichkeiten der ersten Stunde zählen neben den Christdemokraten Volker Rühe und Martin Willich auch Handelskammer-Präses Klaus Asche, Siegfried Lenz, natürlich Henning Voscherau, der Bankier Max Warburg und der Mediziner Heiner Greten. 1985 etabliert, entwickelt sich diese aus gut einem Dutzend Köpfen bestehende Runde zu einem hochkarätigen Gesprächskreis, dessen Ablauf diskret behandelt und nach festem Ritual zelebriert wird. Bei Erscheinen dieses Buches hat der exklusive Zirkel mehr als 150 Mal am Neubergerweg getagt.

Hans-Ulrich Klose

1974 – 1981 Erster Bürgermeister Hamburgs

»Wenn er wollte, konnte man mit Helmut Schmidt wunderbar reden und diskutieren. Wenn er allerdings nicht wollte, redete er allein.«

Manches Scharmützel haben sie ausgetragen, der frühere Bundeskanzler und der ehemalige Hamburger Bürgermeister, aber unter dem Strich steht Harmonie. Doch verbindet Helmut Schmidt und Hans-Ulrich Klose viel mehr als nur bald ein halbes Jahrhundert in der SPD – auch wenn Schmidts Unterschrift in Kloses Parteibuch steht. Erstmals fiel der Ältere dem Jüngeren in der Sturmflutnacht 1962 auf. »Ich erlebte einen Polizeisenator, der rigoros das Kommando übernahm«, sagt der heutige Bundestagsabgeordnete Klose rückblickend. Und in der »Nacht von Mogadischu«, als Terroristen den Staat erpressten, saßen Klose und Schmidt nachts im Krisenzentrum beisammen und spielten Schach. »Helmut war richtig gut«, erinnert sich Hans-Ulrich.

Geschüttelt oder gerührt?
Loki, Helmut und Valéry am
Tresen der »Kneipe«

Professor Heiner Greten war viel mehr als nur der Leibarzt von Helmut Schmidt.

Always the same procedure. An sechs Abenden im Winterhalbjahr, stets der zweite Freitag im Monat, öffnen die Schmidts ihre Hautür für Freunde. Ziel ist es, den Horizont zu erweitern, Neues zu erfahren, den Geist zu wecken, gepflegten Gedankenaustausch zu betreiben. »Unter dem Strich hatte Helmut diese Idee als Instrument erdacht, um schlauer zu werden«, weiß der frühere Bürgermeister Dr. h.c. Peter Schulz. »Er wollte schlicht Wissen aufsaugen.« Dieses Ansinnen glückt auch durch namhafte Referenten (Bundespräsidenten, Minister, Wissenschaftler, Künstler), die nicht Mitglieder der Runde sind.

Das Ritual: Gegen 20 Uhr versammelt sich der Kreis an der bei Schmidt »Kneipe« genannten Bar zum Warmwerden. Derweil ist Loki in der Küche beschäftigt. Etwa um 20.30 Uhr läutet sie mit einer kleinen Glocke und bittet in das Esszimmer nebenan. In der Regel gibt es Hausmannskost, zum Beispiel Grünkohl und/oder Bratkartoffeln. Anschließend, meist gegen 21.45 Uhr, wird das gut halbstündige Referat gehalten, an das sich traditionell eine lebhafte Debatte anschließt. Der »Notar« übernimmt den Vorsitz. Eine feste Sitzordnung gibt es nicht. Oft nimmt Loki neben Peter Schulz Platz; sie ist Patin eines seiner Kinder. Auch bei den letzten Treffen wie im Februar 2010 mit dem ehemaligen Bundespräsidenten Horst Köhler lehnt Loki jede Hilfe ab, auch wenn sie sich sichtbar quält und nur mit dem Rollator durch die Wohnung gehen kann.

Die Themenpalette ist ebenso breit wie das Interessensgebiet des Hausherrn. Ob Weihbischof Jaschke über die »Keuschheit der Engel« referiert oder Ex-Bundespräsident Köhler über »Die Lage der Weltwirtschaft« sinniert, stets ist Helmut Schmidt mit größter Aufmerksamkeit dabei, wie nicht nur Professor Heiner Greten aus eigener Erfahrung weiß. Der renommierte Internist, der heute im Krankenhaus St. Georg wirkt, lernte Helmut Schmidt Mitte der 80er-Jahre im Universitätsklinikum Eppendorf kennen, in dem er Direktor war.

»Der Bundeskanzler kam mit sehr dezidierten Fragen«, erinnert sich Greten. »Er ist auch auf medizinischem Sektor Profi und ungeheuer diszipliniert.« Auf Anhieb habe man sich gut verstanden und gemocht. Konsequenz: Aus dem sachlichen Arzt-Patienten-Verhältnis wird alsbald mehr. »Beim ersten Besuch der Freitagsgesellschaft war ich schon ein bisschen nervös«, bekennt der Professor freimütig. Diese anfängliche Anspannung weicht rasch der Freude, dabei sein zu können. »Für uns ist Helmut Schmidt zu einem väterlichen Freund geworden«, schätzt Heiner Greten die Situation ein. Wobei der Gastgeber, typisch Schmidt, auch in diesem illustren Zirkel

Der frühere Bundeskanzler Helmut Schmidt im Gespräch mit dem Hamburger Bürgermeister Ortwin Runde (2001).

das »Hamburger Du« favorisiert. »Heiner« und »Sie« heißt es dann eben. Was auch deshalb urig wirkt, da sich die Sozis in der Runde quasi automatisch zu duzen pflegen.

Doch beehrt Heiner Greten nicht nur gut 20 Jahre die Freitagsgesellschaft, er besucht seinen Patienten hin und wieder rein privat. Besonders auch nach Lokis Tod – auf einen Schoppen Wein oder einen kleinen Whiskey. Beide Witwer eint das gleiche Schicksal. »Anfangs hatte ich den Eindruck, Helmut betäubt sich mit Arbeit«, sagt Professor Greten, »mittlerweile hat er sich wieder aufgerappelt, diszipliniert wie er ist.« Beide schreiben Vertrauen und menschliche Nähe groß.

Heiner Greten hat ein praktisches Beispiel parat. Als der Professor Anfang 2005 mit Vollendung des 65. Lebensjahres im UKE ausscheidet und nach St. Georg wechselt, kommt er zu einem Besuch in den Neubergerweg. Helmut Schmidt spielt Klavier. »Heiner, ich habe auf Sie gewartet«, sagt er und bittet den Mediziner in sein privates Büro im Hochparterre. »Hat er gesundheitliche Probleme?«, fragt sich Greten. Schmidt bietet einen Portwein an, schenkt ein. »Sie haben eine neue Tätigkeit«, stellt Helmut Schmidt fest. »Sind Sie zufrieden?« Als Greten bejaht, nickt Schmidt beruhigt – und erhebt sich. Nicht mehr und nicht weniger. Er wollte nur wissen, wie sein langjähriger Vertrauter zuwege ist.

Auch dieses Interesse am anderen zeichnet Helmut Schmidt nach Einschätzung seiner Freunde aus. »Er ist äußerst warmherzig und persönlich«, bringt Professor Greten sein Gefühl auf den Punkt. »Zudem ist er im Alter spürbar zugänglicher und toleranter geworden.« Parteipräferenzen spielten keine Rolle bei ihm. Auch wenn er auf politischem und wirtschaftlichem Terrain unverändert Klartext spreche: »Er sagt grundsätzlich die Wahrheit und eiert niemals herum.«

Das beruht auf Gegenseitigkeit. Auch Heiner Greten pflegt Tacheles zu reden, wenn Medizinisches im Blickpunkt steht. Und warum, Herr Professor, haben Sie ihm nicht längst den Tabak verboten? »Warum sollte ein Mann von mehr als 90 Jahren seinen Lebensrhythmus stören und seine Gewohnheiten durcheinanderbringen«, entgegnet Heiner Greten. Und fügt augenzwinkernd hinzu: »Zumal er es ohnehin nicht befolgt hätte, auch wenn man es zehnmal gesagt hätte.« Der frühere Bürgermeister Peter Schulz kann diese Aussage seines Freundes Heiner Greten nur bestätigen.

Sozialdemokrat Schulz ist es auch, der die Satzung der Loki und Helmut Schmidt Stiftung entwirft. Dass diese auch ihren Namen trägt, ist Helmut Schmidts ausdrücklicher Wunsch. Ebenso wie der Tatbestand, dass das Doppelhaus in Langenhorn auf Dauer erhalten bleibt – genau so, wie es jetzt ist. Als eine Art »Kanzler-Museum« soll es für Besucher geöffnet werden, als zeitgeschichtliches Denkmal quasi und als Erinnerung an jene keineswegs vergessene Ära, in der Hamburg heimliche Hauptstadt der Bundesrepublik war.

Neben den Bürgermeistern Peter Schulz und Henning Voscherau zählten auch die Amtskollegen Hans-Ulrich Klose und Ortwin Runde zu regelmäßigen Gästen im Hause Schmidt. So kann sich Klose noch an den Breschnew-Besuch 1978 erinnern, als sei es gestern gewesen: »In ihrer unnachahmlichen Art und mit großer Normalität moderierte Loki und sorgte dafür, dass alle auf dem Teppich blieben.« Auch Klose hat in seinem Parteibuch die Unterschrift Helmut Schmidts und ist ihm seit bald

Sozis unter sich: Helmut Schmidt im Gespräch mit Hans-Ulrich Klose (l.) und Innensenator Werner Staak (1977).

einem halben Jahrhundert vertraut. Man kennt sich gut genug, um ein bisschen frotzeln zu dürfen. »Wenn er wollte, konnte man wunderbar mit ihm reden und diskutieren«, fasst Klose zusammen. »Wenn er allerdings nicht wollte, redete er allein.«

Unvergessen sind zwei weitere Ereignisse von historischer Dimension, die allerdings nicht in Langenhorn spielen. Die erste ist die bereits umfangreich geschilderte Sturmflut Anfang 1962. Auch Hans-Ulrich Klose weilte in dieser fürchterlichen Nacht in der Innenstadt und sah mit Entsetzen, wie das Wasser über den Großen Burstah auf den Rathausmarkt lief. Am Folgetag erlebte er einen Innensenator Helmut Schmidt, der »rigoros das Kommando übernahm«. Was auch Bürgermeister Nevermann zu spüren bekam, der mit Verspätung aus seinem Kurort Bad Gastein nach Hamburg kam. »Paul, du störst hier!«, sagte Schmidt zum Chef des Senats. Widerspruch soll es nicht gegeben haben.

Ereignis Nummer zwei ist die »Nacht von Mogadischu«, in der Deutschland von Terroristen erpresst wurde. Sowohl Schmidt als auch Klose saßen im Krisenstab und harrten des erlösenden Anrufs. Hat die Befreiung der gekaperten Lufthansamaschine »Landshut« durch die GSG 9 geklappt? Sind die Geiseln an Bord unversehrt? Ginge die Geheimaktion schief, das hatte Bundeskanzler Helmut Schmidt unmissverständlich klargemacht, würde er seinen Rücktritt einreichen. Mitten in der Nacht saßen Klose und Schmidt an einem Brett beisammen und spielten Schach. »Er war richtig gut«, fasst Klose heute zusammen. Wahrscheinlich meint er alles.

Klose nennt fügt ein Beispiel an. So konnte Schmidt harsch sein, indes niemals vernichtend. Dummschwätzer waren nie sein Ding. Wenn Leute patzten, so Kloses Erfahrung, »gab es einen auf den Deckel – und das war's dann aber auch«. Sein Eindruck: »Die Mitarbeiter seiner Büros, die Sekretärinnen und Referenten waren immer Feuer und Flamme für Helmut Schmidt.«

Kloses späterer Nachfolger Ortwin Runde, der »Schmidt-Schnauze« als junges Mitglied erstmals auf dem SPD-Landesparteitag 1968 erlebte, kam ihm erst durch Loki auch privat näher. Und zwar beim Tanzen! Da Helmut überzeugter Nichttänzer war und bei Mitgliederfesten im CCH lieber paffend und klönend am Tisch sitzen blieb, sprang Genosse Ortwin ein und demonstrierte Arm im Arm Talente auch auf diesem Parkett. Bei den Parteitagen der hanseatischen Sozialdemokraten stand Schmidt dann aber doch – lange und wortgewandt am Rednerpult. »Es waren oft Weltwirtschafts-Opern«, erinnert sich Ortwin Runde an manche One-Man-Show, »und Helmut legte uns die globale Sicht der Dinge dar.« Und das in Hamburg, vor der lokalen SPD. Zu Rundes Freude fiel die Ehrenprofessur für seine Tanzpartnerin Loki Schmidt in seine Amtszeit als Bürgermeister zwischen 1997 und 2001.

In einem ist sich die Riege der altgedienten Bürgermeister einig: Es waren glorreiche, aber auch aufregende Zeiten, als die Welt in den Neubergerweg nach Hamburg-Langenhorn blickte.

8

1983 – 2011

In geheimer Diplomatie bereitet Helmut Schmidt seinen Wechsel vom Kanzleramt zur »Zeit« vor. Doch sind im Pressehaus am Speersort anfangs nicht alle beglückt über den neuen Kollegen.

Ein Bild von einem (Staats-)Mann: Helmut Schmidt hoch oben auf dem Pressehaus am Speersort (2008).

Schafft er es? Oder schafft er es nicht? Immer wieder beobachten die Redakteure der »Zeit«, wie Helmut Schmidt bei anstrengenden Konferenzen mit seinem Krückstock nach dem Sahnekännchen und der Zuckerdose angelt, diese nach und nach behutsam in seine Richtung dirigiert und zugreift. So genüsslich von Augenzeugen beschrieben. Andere haben genau mitgezählt: Bei 13 Zigaretten, Reyno Menthol natürlich, liegt der Rekord des Kanzlers a. D. – während einer Sitzung von der Dauer eines Fußballspiels. Auf die Vorliebe für solcherart parfümierte Glimmstängel ist Schmidt übrigens Mitte der 60er-Jahre des vergangenen Jahrhunderts gekommen. Im Rahmen der Kohlenkrise besuchte der Politiker damals mehrfach Grubenarbeiter unter Tage. Da dort das Rauchen wegen Explosionsgefahr verboten war, verwendeten viele der Bergleute Schnupftabak. Dessen Mentholgeschmack gewöhnte sich Helmut Schmidt damals an.

Zurück in die heutige »Zeit«. Mit gesüßtem Kaffee und einer reichlichen Dosis Nikotin auf Betriebstemperatur, demonstriert der Staatsmann bei der Diskussion dann alte Klasse. Geschafft hat er das Angel-Kunststück übrigens immer noch. Wie fast alles, was er sich in seinem Leben vornahm. Den Abschied vom Paffen einmal ausgeklammert.

Dass Helmut Schmidt nach der großen Politik überhaupt noch eine zweite Karriere starten kann, liegt an der Weitsicht des Verlegers Gerd Bucerius. Dessen Idee, den Kanzler an Bord und auf die Kommandobrücke der »Zeit« zu holen, reifte länger und wird Mitte 1982 konkret. Das Ende der sozialliberalen Koalition in Bonn vor seinen Augen, fädelt Bucerius den Deal mit diplomatischem Geschick ein: Beider Freund Karl Klasen, der ehemalige Bundesbankpräsident, ein Hanseat nicht nur von Geburt, spricht also im Auftrag des Westfalen Bucerius bei Schmidt vor – und stößt auf offene Ohren. Grundsätzlich hoch interessant, meint der Kanzler. Das Aber bezieht sich auf politische Unwägbarkeiten. Doch übernimmt Helmut Kohl durch ein konstruktives Misstrauensvotum am 1. Oktober 1982 tatsächlich das Kanzleramt, womit der Weg ins Verlagsgebäude am Speersort in der Hamburger Innenstadt geebnet ist.

Nur acht Tage nach dem Führungswechsel in Bonn sucht Bucerius, zwischen 1945 und 1962 für die CDU im Bundestag, Helmut Schmidt im Neubergerweg auf, um seine Vorstellungen zu unterbreiten: Der Hausherr solle neben Marion Gräfin Dönhoff Herausgeber der Wochenzeitung werden. Mehrere vertrauliche Gespräche schließen sich an; auf dem gelben Sofa in Bucerius' Büro und auf einem gemeinsamen Flug nach Tokio. Silvester schreibt der Verleger dem Politiker einen Brief in Schmidts Urlaubsdomizil auf Gran Canaria. Es kann losgehen.

Zwar stellen eine mögliche erneute Kanzlerkandidatur sowie Schmidts engagierter Einsatz für die SPD im Wahlkampf plötzlich Hürden dar, doch ist mit dem CDU-Wahlsieg am 6. März 1983 endgültig alles klar. Im Mai hält Helmut Schmidt Einzug in sein neues »Zeit«-Büro. Raum 605 im sechsten Stock. Der Neuling hat – typisch – ausdrücklich auf einem »nicht repräsentativen Umfeld« bestanden, und so ist es dann auch: Die Butze umfasst gerade einmal 16 Quadratmeter, bietet dafür jedoch einen grandiosen Blick über die Keimzelle der Hansestadt. Bemerkenswert sind zwei weitere Randnotizen.

Erstens wird über Geld nicht gesprochen. Schmidt verlangt »so viel wie die Gräfin«, und das bekommt er nun auch. Tro-

Da sagt auch Gerd Bucerius (Mitte) Prost! Einstand bei der »Zeit« am 9. Mai 1983.

ckener Kommentar: »Frau von Dönhoffs bescheidener Lohn hat mich schon überrascht.« Mit Aussicht auf anständige Buchtantiemen und stattliche Einnahmen aus Vorträgen und auch sonst so ist der Mammon für die Schmidts ohnehin nur sekundär. Zumal das Doppelhaus in Langenhorn mittlerweile abbezahlt ist. Und zweitens: Die Vereinbarung wird per Handschlag geschlossen, wie es gute Sitte in Hamburg ist. Ein schriftlicher Vertrag existiert nicht. Bis heute nicht.

Am ersten Arbeitstag stehen viele der künftigen Kollegen vor ihren Büros auf dem Flur und spenden dem Neuling Applaus. Diese Willkommensgeste ist alles andere als selbstverständlich, regte sich zuvor bei manchem Freigeist in den Ressorts doch Skepsis. Hatte Schmidt Mitglieder der Zunft zuvor leicht, aber auch wirklich nur leicht augenzwinkernd als »Wegelagerer«, »Indiskretins« oder gar »Banditen« bezeichnet. Und würde Schmidt das Blatt zur Parteinahme drängen? Würden die Sicherheitsvorkehrungen das Redaktionsklima verändern? Denn nun kann man mit dem Fahrstuhl nicht mehr direkt nach oben fahren, sondern muss eine Zwischenstation im dritten Stock einlegen. Wie angebracht solche Vorsichtsmaßnahmen sind, wird später der Fall des Amerikaners Edward Kearl beweisen. Unter der Vorgabe, Helmut Schmidts unehelicher Sohn zu sein, dringt der Mann bis zum Empfang vor, entleert dort einen Kanister und entzündet das Benzin. Dass es sich keinesfalls um einen harmlosen Spinner handelt, zeigt sich später: In Spanien wird Edward Kearl wegen Mordes an zwei Frauen zu langer Haft verurteilt.

Bei der »Zeit« herrscht menschlich Harmonie. Auch seine Frotzeleien, er werde letztlich niemals richtiger Journalist sein, weil er sich das Arbeiten eben nicht abgewöhnen könne, werden wohlwollend weggesteckt. Zu seinem näheren Umfeld zählt eine Reihe guter Bekannter, denen der neue Koherausgeber von früher vertraut. Marion Gräfin Dönhoff kennt er aus einem Blankeneser Gesprächskreis, Ressortleiter Kurt Becker war bis zu Klaus Böllings abermaliger Ernennung sein Regierungssprecher, vor allem jedoch besteht eine intensive Bindung zum Boss: Chefredakteur Theo Sommer, im Hause nur »Ted« genannt, ist ein langjähriger Wegbegleiter. Die beiden verstehen sich prächtig – beruflich wie privat.

»Wir haben uns erstmals im Schlafwagen gesehen – bei ein paar Flaschen Fürstenberg Pils«, sagt der langjährige Chefredakteur und Mitherausgeber der »Zeit« in seinem Büro am Speersort. Auf einer Zugfahrt von Genf nach Hamburg ereignete sich das erste Treffen, in einer Zeit, als »Billigflieger« noch ein Fremdwort war. Schmidt schlief unten, Sommer oben. Beide befanden sich auf der Heimfahrt von einer Tagung des Londoner Instituts für Strategische Studien und kamen im Abteil auf das gemeinsame Interessensgebiet zu sprechen. Derart intensiv, dass die Unterhaltung bis zum Morgengrauen anregte. Themen: Verteidigung, Abschreckungsvarianten, Nato. Fortan wurde Kontakt gehalten.

Konsequenz: 1969 beauftragte Verteidigungsminister Helmut Schmidt den Journalisten Theo Sommer, der nach der Bundestagswahl 1965 schon als Staatssekretär vorgesehen war, mit der Entwicklung eines politisch-militärischen Planungsstabes. B 9, Abteilungsleiter. Ein Dreivierteljahr nahm sich Sommer eine Auszeit als stellvertretender Chefredakteur der »Zeit« und malochte quasi rund um die Uhr. Er war nicht der Einzige im Ministerium. »Nachts um drei brannte bei Helmut Schmidt oft noch Licht«, erinnert sich Sommer. »Manchmal

Theo Sommer

1973–1992 Chefredakteur der Wochenzeitung »Die Zeit«

»Nachts um drei brannte im Ministerium bei Helmut Schmidt oft noch Licht. Manchmal habe ich dann meinen Kopf durch die Tür gesteckt und wurde auf einen dünnen Whiskey eingeladen.«

Erstmals sind sich die beiden im Schlafwagen von Genf nach Hamburg begegnet: Helmut Schmidt schlief unten, Theo Sommer oben. Bei ein paar Flaschen Fürstenberg Pils, vom Bahn-Steward serviert, kamen sich die beiden näher. Wenig später quittierte der Journalist seinen Job als stellvertretender Chefredakteur der »Zeit« für ein Dreivierteljahr und entwickelte im Auftrag des Verteidigungsministers einen politischmilitärischen Planungsstab. Dieses Bündnis hielt lebenslang. Denn nach Schmidts Kanzlerzeit arbeiteten beide wieder eng zusammen – nicht in Bonn, sondern in Hamburg. Die Büros der beiden in der Redaktion der Wochenzeitung »Zeit« sind nur wenige Meter entfernt. Dennoch füllt die Korrespondenz zwischen den zwei Denkern Aktenordner …

1978 noch an getrennten Seiten des Tisches: »Zeit«-Chefredakteur Theo Sommer (o. r.) interviewt Bundeskanzler Helmut Schmidt.

habe ich dann meinen Kopf durch die Tür gesteckt und wurde auf einen dünnen Whiskey eingeladen.« Betonung auf dünn. Umso gehaltvoller geriet das »Weißbuch«, das er in des Ministers Auftrag verfasste. Es war eine erste kritische Bestandsaufnahme der Bundeswehr. In den siebziger Jahren war Sommer immer wieder Gast bei Loki und Helmut Schmidt zu Hause. Letztmals übrigens sah er seine Duzfreundin dort anlässlich der bereits ausführlich geschilderten Freitagsrunde acht Monate vor ihrem Tod. Der Besucher und Freund Ted hielt ein Referat über Japan.

Insgesamt weiß Theo Sommer mehr über den Menschen Helmut Schmidt, als er in seinem 2010 bei Hofmann und Campe in Hamburg veröffentlichten Buch »Unser Schmidt – Der Staatsmann und der Publizist« veröffentlichte. Das Werk wurde zum Bestseller und befasst sich ebenso lesenswert wie informativ mit Schmidts Wegen vom Staatslenker zum Staatsdenker und vom Kanzleramt ins Pressehaus. Unter dem Strich ergeben diese Karrieren ein Spiegelbild deutscher Zeitgeschichte aus entscheidenden Jahrzehnten. »Helmut hat eine weiche, eine künstlerische Seele«, weiß Sommer. »Hinter einem auf den ersten Blick harten Politiker stand von jeher ein empfindsamer Mensch.« Er hat lieber scharf formuliert als laut gebrüllt.

Die beiden mögen sich; das ist zu spüren. Was auch ein ganz praktisches, freundschaftliches Geschenk Sommers in der Neuzeit beweist: ein Sockenanzieher für den rechten Fuß. Gern denkt der passionierte Journalist »Ted« Sommer an den August 1975 zurück: »Im Ferienhaus der Schmidts am Brahmsee habe ich meinen halbjährigen Sohn auf Helmut Schreibtisch gewickelt.« Dort habe Loki meist leckere Suppen gekocht. Oder Würstchen mit Kartoffelsalat zubereitet. Auch im Urlaub trank Schmidt Coca-Cola oder naschte mit Vorliebe Kekse und Schokolade. Im Café durfte es gern ein Baileys sein. Ausgefallene Gerichte seien noch nie seine Sache gewesen. »In Cöllns Austernkeller hat Helmut lieber Steaks als Muscheln oder Krustentiere gegessen.« Unabhängig von solchen Schmankerln – Theo Sommers Bilanz aus Schmidts bisher 28 Jahren Einsatz für die »Zeit«: »Er blieb Staatsmann und verstand sich meisterhaft darauf, die Mittel der Publizistik zu nutzen, um seinen An- und Einsichten Gehör zu verschaffen.«

Zwar wird dem ehemaligen Kanzler allseits attestiert, an Geduld gewonnen zu haben und sich äußerst kollegial zu verhalten, doch verläuft diese Zusammenarbeit nicht immer ohne Anstrengung. Schmidt schätzte es, Memoranden zu schreiben. Manche waren fünf oder fünfzehn, andere mehr als 30 Seiten lang. Ergebnisprotokolle wurden rasch zu Papier gebracht. Diktiert oder mit der Hand geschrieben; PC und E-Mails nutzt nur der Mitarbeiterstab. Einmal erhielt der damalige Chefredakteur Sommer einen 29 Seiten langen Brief von seinem Mitstreiter und Freund. Handschriftliche Anrede: »Lieber Theo!« Ausklang: »Stets Ihr Helmut.«

Ohnehin gehört es zur Kultur des Hauses, schriftlich miteinander zu verkehren – selbst wenn die Büros nur ein paar Schritte auseinander liegen. Die Korrespondenz zwischen Bucerius und Schmidt, weiß Sommer, »füllt viele Ordner«. Sommer weiß aber auch: »Bei einem wie Helmut Schmidt ist nicht Quantität, sondern Inhalt alleiniger Maßstab.

1995, nach dem Tod des Verlegers der ersten demokratischen Stunde, bezieht der Kanzler a. D. dessen Eckbüro in der sechsten Etage. Größer als die Butze zuvor ist es nicht. Am markantesten neben Schmidt bleiben dem Besucher die ebenso herzliche wie couragierte Vorzimmerdame Rosemarie Niemeier, die Bücherwände in dem ansonsten karg eingerichteten Raum, die Karikaturen aus vergangenen Politikerjahren und der schlichte Resopalschreibtisch haften. Vom Qualm ganz zu schweigen.

Von seinem Zimmer bis zur großen Freitagskonferenz geht es zwei lange Flure entlang. Gleich links neben der Tür nimmt der Herausgeber Platz. »Er kann zuhören«, wissen sie in der Redaktion. »Wenn er sich einmischt, grundsätzlich pointiert, sachlich und letztlich überzeugend.«

Auf eine Zigarette mit Helmut Schmidt

Der Rückweg führt am Büro des Chefredakteurs Giovanni di Lorenzo vorbei. Motto: Auf eine Zigarette. So heißt denn auch di Lorenzos 2009 veröffentlichter Bestseller »Auf eine Zigarette mit Helmut Schmidt«. Mal dauerten die Gespräche zehn Minuten, mal mehr als eine Stunde. Herausgekommen ist immer Lesens- wie Beachtenswertes: kurze Antworten auf kleine oder große Fragen. In der Kürze liegt die Würze. Erstmals 2007 erhielten diese niveauvollen Wortgefechte eine feste Rubrik auf der letzten Seite des »Zeit«-Magazins.

»Herzlich willkommen!«, sagt der Chefredakteur und bittet in sein Zimmer. Vor dem Schreibtisch, auf zwei Designerstühlen, pflegt Helmut Schmidt ihm vis-à-vis Platz zu nehmen. Natürlich dürfen starker, intensiv gesüßter Kaffee und ein Aschenbecher aus Aluminium nicht fehlen. Sodann geht's zur Sache. Mit Tiefgang, bisweilen etwas frotzelnd, manchmal trotzig gar, jedoch grundsätzlich mit warmem Unterton. Anschließend muss Nicht-

Giovanni di Lorenzo

Chefredakteur der Wochenzeitung »Die Zeit«

»Helmut Schmidt ist kein alltäglicher Mensch, sondern eine Persönlichkeit, die weit aus dem Rahmen fällt.«

In den Konferenzen der »Zeit«-Redaktion kam immer dann besondere Spannung auf, wenn Helmut Schmidt auf dem Tisch mit seinem Krückstock nach dem Sahnekännchen angelte. Aber irgendwie schaffte es der Herausgeber bisher stets, das Kunststück ohne Leckage zu bewältigen. Noch mehr schätzt Chefredakteur Giovanni di Lorenzo das Vermögen des Bundeskanzlers a. D., Zusammenhänge messerscharf zu analysieren und daraus folgende Erkenntnisse trefflich auf den Punkt zu bringen. Dieses Talent bereichert die »Zeit«, belebt jedoch auch immer wieder beiderseitige Wortspiele an di Lorenzos Schreibtisch. Dort führten die beide einen Teil ihrer geistreichen, pointierten Gespräche, die Bücher wie Wochenzeitung schmückten. Motto: Auf eine Zigarette.

Redaktionskonferenz 1985:
Schmidt, Sommer, Bucerius (v. l.).

raucher di Lorenzo lange lüften. Über die anstehenden Themen haben sich die beiden Gentlemen zuvor schriftlich verständigt. Die fertigen Interviews werden Schmidt noch zum Autorisieren vorgelegt. »Aber er nimmt höchst selten etwas zurück«, weiß der Chefredakteur. Ohnehin verfüge der Kanzler a. D. über »ein großes Gefühl für Sprache«.

Die beiden kongenialen Partner kennen sich noch aus di Lorenzos Zeiten beim »Tagesspiegel« in Berlin. Wobei dem Journalisten dieses erste Treffen für immer haften bleibt. Themen: Nato und militärische Grundsatzfragen. »Egal, was ich sagte«, erinnert sich di Lorenzo, »jede Frage war falsch.« Dass Schmidt ein bisschen renitent war, will er indes nicht behaupten. Das Wiedersehen folgte später in Schmidts Doppelhaus in Langenhorn. Di Lorenzo, mittlerweile designierter Chefredakteur bei der »Zeit«, traf dort auf seinen neuen Herausgeber. Diesmal, sagt er, seien ihm Schmidts Humor und die bestechende Fähigkeit, Stärken und Schwächen der »Zeit«-Redakteure zu beschreiben, besonders im Gedächtnis geblieben.

Wer hätte damals gedacht, dass mehr als 90 »Zigaretten-Gespräche« folgen würden? »Hier leistet sich noch jemand eine Meinung«, versucht di Lorenzo ein Geheimnis des Erfolges auf den Punkt zu bringen. »Auch auf die Gefahr hin, selbst seine Anhänger gelegentlich vor den Kopf zu stoßen.« Diskussionspunkte waren Gipfeldiplomatie, die Nutzlosigkeit politischer Talkshows, die Bedeutungslosigkeit des Essens bei Staatsbanketten, Machtworte, abwegige Sentimentalitäten, atomare Bedrohung oder Politikerwitze. Hier wie dort wird der Leser von der geglückten Kombination aus knappem, gelegentlich schnoddrigem Tonfall, der freien Denkart und dem offensichtlich großen Herzen Helmut Schmidt gefangen genommen. »Er ist kein alltäglicher Mensch«, resümiert di Lorenzo, »sondern eine Persönlichkeit, die weit aus dem Rahmen fällt.« Jede einzelne Begegnung sei beeindruckend gewesen und habe zu der Erkenntnis beigetragen: »Ich verstehe jetzt, was Personen der Zeitgeschichte sind.«

Giovanni di Lorenzo schenkt sich Mineralwasser nach, schweigt kurz. Das vielleicht emotionalste Gespräch, fährt er fort, habe er nicht innerhalb der »Zigaretten-Serie« geführt, sondern bei einem langen Interview über die Schleyer-Entführung und den Deutschen Herbst. Vier Stunden habe man im Ferienhaus am Brahmsee beisammen gesessen, über Eingemachtes und auch Grenzen gesprochen.

Über zig Titelseiten seiner Wochenzeitung an der Wand fällt di Lorenzos Blick bei der Verabschiedung auf eine Tafel im Regal. »When too perfect, lieber Gott böse«, steht darauf, ein Zitat des südkoreanischen Künstlers Nam June Paik. »Darüber kann sich Helmut Schmidt jedesmal wieder amüsieren«, sagt er. Auch am Ende der Zwiegespräche sei ihm ein Bild geblieben: »Wie er sich nach den Interviews unter Schmerzen erhebt, seinen Stock greift und langsam aus dem Zimmer und zurück in sein Büro geht. Er hat stets jede Hilfe abgelehnt.« Mittlerweile wird der Rückweg mit dem Rollstuhl gemeistert.

Leider sei ein Wunsch nicht in Erfüllung gegangen, sagt Giovanni di Lorenzo an der Tür: »Ich wollte Loki und Helmut Schmidt immer mal zum Essen bei mir zu Hause einladen – mit selbst zubereitetem Risotto.« Aber auch nach Lokis Tod setzten sich Schmidt und di Lorenzo wieder auf eine Zigarette vor di Lorenzos Schreibtisch zusammen.

Dienst ist Dienst.

Auch nach Lokis Tod im Herbst 2010 lässt sich Helmut Schmidt in der Regel dreimal wöchentlich vom Neubergerweg in die Innenstadt fahren. »Der liebe Gott hat mich als Arbeitstier geboren«, sagt er. Das ist die preußische Pflichtauffassung, die in einer Persönlichkeit lebt, die von sich sagt: »Ich bin Hamburger von Geburt und Gesinnung.« Irgendwann wurde er von einem Szenemagazin zum »coolsten Typen« Deutschlands gewählt. Wahrscheinlich weiß er gar nichts davon; denn nichts ist dem heute 92 Jahre alten Schmidt mehr zuwider als Aufhebens um die eigene Person.

»Wat mutt, dat mutt«, sagt sich der Hanseat dennoch – und fügt sich in das Unvermeidliche. Zur Nachfeier seines 80. Geburts-

Gleicher Anlass, gut ein Vierteljahrhundert später.

Klaus von Dohnanyi

1972 – 1974 Bundesminister für Bildung und Wissenschaft,
1981 – 1988 Erster Bürgermeister Hamburgs

»Bei Hannelore und Helmut verstand ich ein wenig von dem, was ungleiche Paare verbinden kann: Respekt und das ständige Bemühen, den anderen ganz und tief zu verstehen.«

Der langjährige Bürgermeister Klaus von Dohnanyi, Gentleman vom Scheitel bis zur Sohle, entging gekonnt dem Schicksal seines Amtsnachfolgers Ortwin Runde. Da Helmut Schmidt stets bekennender Tanzmuffel war und bei Festveranstaltungen lieber paffte und palaverte, durfte sich Genosse Ortwin mit Loki auf dem Parkett vergnügen. Dennoch harmonierten die Schwingungen zwischen den Schmidts und von Dohnanyi. In Hamburg, aber auch in der damaligen Hauptstadt Bonn pflegte man intensiven politischen Kontakt und brütete gemeinsam manchen strategischen Schachzug aus.

Rechts: Zigarettchen? Loki bietet Susanne einen Glimmstängel an. Und das bei der großen Gala zu Helmuts 90. in der Bucerius Law School!

Im Schauspielhaus erhält Helmut Schmidt den Henri-Nannen-Preis für sein Lebenswerk (2010).

tages im Januar 1999 kommen 800 Ehrengäste im Thalia Theater und im Rathaus zusammen. Dagegen wird Loki und Helmut Schmidts Eiserne Hochzeit am 27. Juni 2007 im kleinen Familienkreis zelebriert. Gemeinsam mit ihrem Ehemann Brian Kennedy reist Tochter Susanne aus London an. Nach einem Essen fahren alle gemeinsam dorthin, wo es ihrer Auffassung nach am schönsten ist: an den Brahmsee. Diese Ausfahrt ist möglich, da Loki nach ihrer Wirbelsäulen-Operation wieder weitgehend genesen ist.

Große Feier angesagt ist wieder anlässlich Helmut Schmidts 90. Geburtstages im Januar 2009. Unter 400 Gästen in der Bucerius-Law-School in der Innenstadt befinden sich auch Richard von Weizsäcker, Valéry Giscard d'Estaing und Henry Kissinger. Alle erleben eine ergreifende Ansprache von Susanne Schmidt-Kennedy. Im Jahr darauf, fünf Monate vor Loki Schmidts Tod, erhält Helmut Schmidt den Henri-Nannen-Preis für sein Lebenswerk. Die Gäste erheben sich von ihren Plätzen und lassen das Schauspielhaus erbeben. Bescheiden sitzt die Hauptperson im Rollstuhl vorn in der ersten Reihe. Ganz geheuer ist ihm dieser Wirbel offensichtlich nicht.

Zu dieser Zeit befindet sich der Christdemokrat Ole von Beust als Hamburgs Erster Bürgermeister in Amt und Würden. Aus seiner Hand erhielt Professorin Loki am 12. Februar 2009 auch den Ehrenbürgerbrief. »Ich habe mich mehrere Male mit Loki und Helmut Schmidt unterhalten, auch sehr privat«, sagt er. Allerdings wolle er die Diskretion wahren. Nur so viel: »Anlässlich einer Veranstaltung mit vielen Rednern fragte ich Helmut Schmidt, ob ihn der zunehmende Verlust der Hörfähigkeit nicht stören würde. Er meinte, dass sich das Zuhören ohnehin nicht lohne. Es sei also überhaupt kein Problem. Anstrengender

Parteigrenzen, was ist das? Bürgermeister Ole von Beust überreicht Loki Schmidt die Urkunde zur Ehrenbürgerschaft (2009).

sei es vielmehr, immer ein interessiertes Gesicht zu machen – obwohl er gar nicht wisse, was gerade gesprochen würde.«

Von Beusts Nachfolger Christoph Ahlhaus musste eine der Trauerreden bei der Abschiedszeremonie von Loki Schmidt im Michel halten. »Als Helmut Schmidt Kanzler war, bin ich gerade in die Junge Union eingetreten«, erinnert er sich. Trotz unterschiedlicher Parteipräferenz habe er immer Respekt vor dem Mann mit der Helgoländer Lotsenmütze gehabt, der frei seine Meinung sagte. »Besonders fasziniert mich sein normales Wohnumfeld in Langenhorn – der Mann ist auf dem Boden geblieben.«

Eine liebevolle Erinnerung an Loki Schmidt hat Hamburgs Erzbischof Dr. Werner Thissen parat: »Bei einer festlichen Zusammenkunft im Rathaus sitze ich neben Loki Schmidt, an deren linker Seite Helmut Schmidt seinen Platz hat. Loki Schmidt erzählt mir in ihrer liebenswürdigen Art voll Begeisterung von ihrem Einsatz für gefährdete Blumen und Pflanzen. Helmut Schmidt hört lange zu. Dann bemerkte er, dass seine Frau eine hartnäckige Streiterin sei für alles, was grünt und blüht. An missionarischem Eifer können die Kirchen noch viel von ihr lernen.«

Blumen für die Dame des Hauses

Loki Schmidts biologisches Wissen und ihre botanischen Kenntnisse bereiteten den Gästen im Neubergerweg bisweilen auch Problemchen: Welche Blume oder Pflanze bringt man einer Frau mit, die praktisch alles Grüne kennt? So berichtet Hamburgs Weihbischof Dr. Hans-Jochen Jaschke von einer kleinen Episode im Hause Schmidt. Der katholische Geistliche weilte dort oft als Mitglied der Freitagsgesellschaft.

»Loki Schmidt war immer eine aufmerksame, umsichtige Gastgeberin«, weiß Jaschke. »Sie hat wenig gesagt, aber viel geraucht. Immer war sie eine kluge Hörerin. Die Sorge für das Essen war ihre Sache.« Auch der Ritus der Begrüßung begann mit Loki. Weiter erinnert er sich: »Wir, die Gäste, brachten ihr gerne eine Blume mit – ein Risiko natürlich bei einer so ausgewiesenen Botanikerin. Einmal stehe ich wieder in der kurzen Reihe würdiger Herren. Als ich dran bin, gebe ich ihr die Hand und sage ein herzliches Wort zu ihr. Herr Jaschke, wo bleibt das Küsschen, fragt sie mich. Fast hätte ich es vergessen. Dafür bekommt sie jetzt umso herzlicher auch meinen Kuss auf die Wange ihres freundlichen Gesichts. Mit dem Küsschen bleibt sie mir ganz besonders in Erinnerung.«

Klaus von Dohnanyi, jahrelang Chef im Hamburger Rathaus, hat die Eröffnung einer Kunstausstellung im Kanzlerneubau, von Helmut Schmidt gern als »Kreissparkasse« tituliert, im Gedächtnis: »Auch Loki war dabei. Der Bundeskanzler, ganz Kunstkenner, eilte von Bild zu Bild, erklärend und bewundernd. Aber Loki blieb schon ganz am Anfang, bei den ersten Bildern stehen: versunken und zweifelnd zugleich.« Von Dohnanyis Eindruck: »Da, so glaube ich, verstand ich ein wenig von dem, was ungleiche Paare verbinden kann: Respekt und das ständige Bemühen, den anderen ganz und tief zu verstehen.«

Unterwegs in Hamburg

Nicht nur glanzvolle Erlebnisse, sondern auch alltägliche Momente prägten das Leben des Ehepaars Schmidt. Beider Kunst bestand darin, hier wie dort einen bodenständigen, natürlichen Eindruck zu hinterlassen – soweit es das Protokoll erlaubte.

Erklärungsversuche. Heiligengeistfeld, 29. August 1964. Innensenator Helmut Schmidt spricht nach dem Mord an einem Taxifahrer.

Oben links: Helmut und Loki Schmidt pflanzen einen Baum in ihrer Heimatstadt (1972).

Oben: Schmidt bei einer Ansprache auf dem Hamburger Fischmarkt (1981).

Wahlkampf in der Fabrik in Altona (1972).

Werftbesuch bei Blohm + Voss (1959).

Gesuchte Bürgernähe während einer U-Bahnfahrt (1982).

Grüß Gott, Blankenese! Ein herrlicher
Sonntagmorgen in der Adventszeit 1980.

Ganz oben: Ein Autogramm bitte. Vor dem Gemeinderatsessen im Dorfkrug in Langwedel am Brahmsee (1978).

Oben: Nicht ganz echt: Charlie Chaplin grüßt auf dem Fischmarkt (1981).

Rechts: Glück auf, Herr Bundeskanzler! Auf dem Weg zur Bürgerschaftswahl im Juni 1978 gibt's eine hellrote Azalee. Nicht nur Loki ist beglückt.

6

Rechts: Loki auf der Brücke des Elbdampfers »Alsterdorf« (1975).

Unten: Helmut Schmidt bei einer Hafenrundfahrt im September 1972.

Einweihung des Elbtunnels 1975. Halb Hamburg ist auf den Beinen.

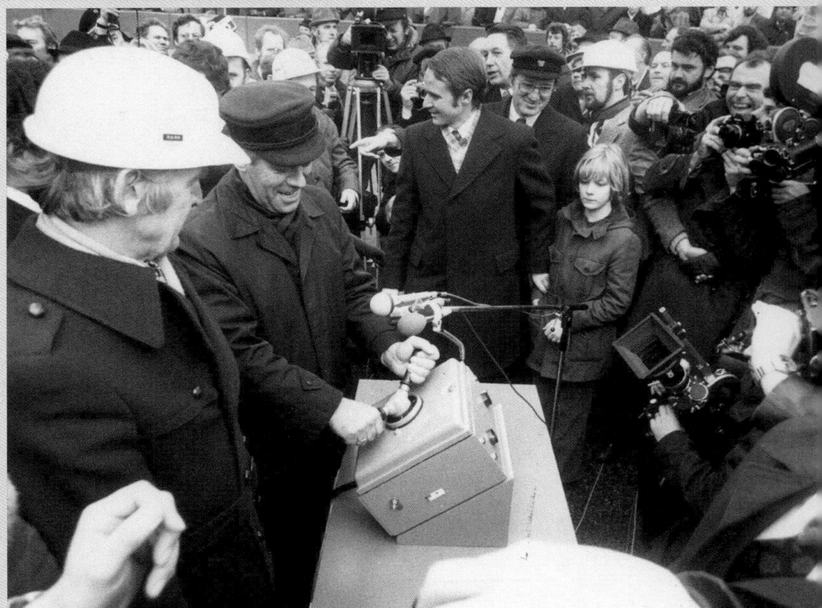

Zünftiges Eintopfessen nach der Einweihung des Elbtunnels. Auch Bürgermeister Hans-Ulrich Klose langt zu.

9

Der Ausklang:
Lokis blühende Leidenschaft.
Eine Jahrhundertliebe – im
Leben und darüber hinaus.

Im Wüstengarten im grünen Westen Hamburgs fühlte sich Hannelore Schmidt besonders wohl – im Einklang mit sich und ihrer Welt.

Eine Skulptur im Botanischen Garten erinnert an die Verdienste Loki Schmidts.

Oft sind es Kleinigkeiten, die ein Herz zum Hüpfen bringen. Was für einen Spaß hatte Loki Schmidt am Mäusebussard im Botanischen Garten, der ausgerechnet ihre Büste als bevorzugte Aussichtsplattform auswählte, um hervorragende Sicht über die Natur in Klein Flottbek zu genießen. Im Oktober 2010 lagen Herbstlaub, Hortensienblüten und Pfaffenhütchen am Boden vor der Bronzeplastik ein Stück abseits des Haupteingangs. Zu Ehren der Verstorbenen, ohne die der Botanische Garten nicht zur heutigen Blüte gelangt wäre.

Schon bei der Einweihung der grünen Oase im Westen der Hansestadt am 5. Juli 1979 war Loki Schmidt präsent, als das natürliche Kleinod der Öffentlichkeit und der Universität übergeben wurde – damals noch als Kanzlergattin. Doch wie hasste sie diese Bezeichnung! Aus »Blümchen-Loki«, wie einige liebevoll witzelten, war längst eine anerkannte Naturschützerin geworden. Sie schätze keine großen Worte und Gesten, zumindest Letzteres im Einklang mit Ehemann Helmut, sondern packte handfest an. Im wahrsten Sinn des Wortes.

Über die Wurzeln ihrer tatsächlich blühenden Leidenschaft für Pflanzen und Tiere sinnierte die Biologielehrerin immer wieder. Sie erzählte dann von Rispengras und Löwenzahn. Gebannt beobachtete Hannelore als Kind, wie beides im finsteren Hinterhof vor der winzigen Wohnung der Glasers zwischen den Steinplatten hervorkam und ein wenig Lebensfreude in den kargen Alltag brachte. »Mama« und »Papa« seien ihre ersten Worte gewesen, natürlich. Und »Frau Mantel«. Gemeint war die Blume namens Frauenmantel. Auch während der Familienausflüge in die Laube nach Neugraben konnte sie sich nicht sattsehen an der

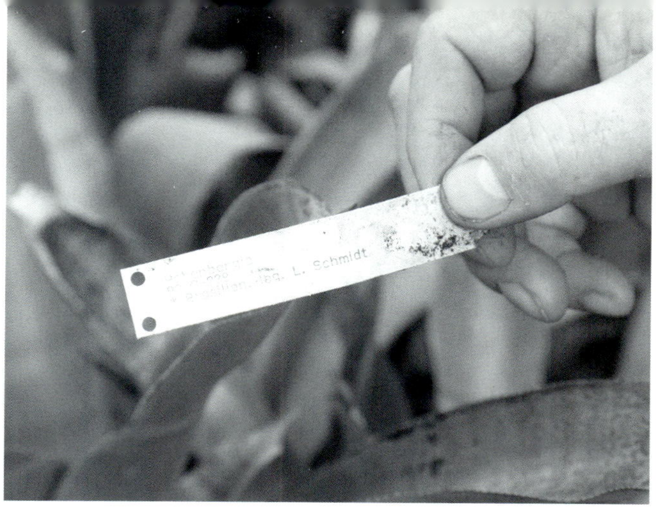

»Die Natur hat mich gesucht und gefunden – nicht umgekehrt«

Diese Hohenbergia brachte Loki aus Brasilien mit.

Natur, streunte stundenlang durch die grüne Wildnis, sammelte, suchte und forschte. Voller Inbrunst.

Ihre Eltern, die wahrlich kaum Geld besaßen, kauften ihrer Tochter in einem Antiquariat ein mehrbändiges Pflanzenlexikon. Es ist heute noch erhalten und beinhaltet auch Lokis erste Schreibversuche. »Die Natur hat mich gesucht und gefunden – nicht umgekehrt«, pflegte sie später zu sagen. Ein wenig wissenschaftlicher formuliert klang das so: »Ich war ein typisches Großstadt-Hinterhofkind, das eine tiefe Sehnsucht nach Grün verspürte.« Lange bevor die Grünen 1980 gegründet wurden und 1983 in den Bundestag einzogen, stritt die couragierte Hanseatin für den Schutz bedrohter Pflanzen und Tiere.

Was früh gesät wurde, setzte sich mit der Ernte fort. Weil Loki rasch erkannte, dass ihre natürlichen Interessen als Lebensgefährtin des führenden Politikers im Lande fraglos effektiver umzusetzen sind. Was ja nicht verboten ist – im Gegenteil. So nutzte sie auch Dienstreisen, um vor Ort als Anwältin von Flora und Fauna aktiv zu werden. Ein Beispiel: In Abu Dhabi lernte sie Scheich Zayed kennen, der Gefallen an der Leidenschaft der engagierten Frau aus dem Abendland fand. Spätfolge: Am 20. Juni 2005, mehr als ein Vierteljahrhundert später, stiftete Scheich Zayed den 2800 Quadratmeter großen Wüstengarten in Klein Flottbek, der noch heute die Besucher des Botanischen Gartens erfreut. Ein gutes Jahr später eröffnete Loki Schmidt das nach ihr benannte Nutzpflanzen-Museum ein paar Schritte weiter. Die Kosten für das 500 Quadratmeter umfassende Haus in Form eines blauen Würfels von rund einer Million Euro übernahm die »Zeit«-Stiftung. »Dieses Museum soll vor allem in Kindern Neugier und Spaß am selbstbestimmten Lernen wecken«, sagte Loki Schmidt. So wie sie es einst im Hammer Park, in der Lichtwarkschule sowie nebenan im Stadtpark erfahren hatte. Non scholae sed vitae discimus …

Von einer besonders köstlichen Episode weiß auch der frühere ZDF-Reporter Knut Terjung zu berichten. Die Ansiedlung des Heiligen Dornbuschs in Klein Flottbek klingt wie ein Märchen aus »1001 Nacht«. Im Rahmen einer großen Fernsehreportage »Helmut Schmidt und der Rest der Welt« begleitete Terjung das Ehepaar Schmidt 1984 auch nach Ägypten. Eine Station: das 1400 Jahre alte Katharinenkloster mitten in der Wüstenlandschaft des Sinai, am Fuße des Moses-Berges. Während Helmut den Ausführungen des Erzbischofs lauschte, hatte Loki anderes im Sinn. Sie wollte endlich den berühmten, heiligen Dornbusch zu Gesicht bekommen, aus dessen Flammen Gott zu Moses gesprochen haben soll.

Im Klostergarten sah sie es dann, das kostbare Heiligtum, geschützt von einem Maschendraht. Unter gütiger Zustimmung des Abtes durfte Loki ein »S-tückchen« der heiligen Pflanze abschneiden. Da der Steckling im Gewächshaus im Garten daheim in Langenhorn nicht so recht gedieh, gab sie ihn in die Obhut der Profis im Botanischen Garten. Seitdem ist die »Heilige Brombeere«, Rubus sanguineus, dort zu bewundern. Ebenso wie zwei direkt nach Loki benannte, seltene Gewächse: das im Mai blau blühende Springkraut Impatiens loki-schmidtiae aus Madagaskar und Pitcairnia loki-schmidtii mit Heimatland Mexiko. Ähnliche Ehre wurde auch Helmut Schmidt zuteil: Anlässlich der Eröffnung der Bundesgartenschau im Juni 1979 benannte ein Züchter aus Sparrieshoop bei Elmshorn eine Rosenzüchtung nach dem Bundeskanzler. Dabei handelt es sich um eine zitronengelb blühende Teehybride.

»Sie stand morgens meist als Erste auf und bereitete schon mal Kaffee für alle.«

Wie Loki Schmidt pflegt Gärtner Volker Struß eine blühende Leidenschaft.

Praktisch zeitgleich rief Loki eine Stiftung zum Schutz gefährdeter Pflanzen ins Leben. Ebenfalls 1979 entwarf sie zwölf Rosenthal-Teller; die Serie trug den Namen »Geschützte Pflanzen unseres Landes« und verkaufte sich stark. Der Erlös kam der Natur zugute. Und immer noch 1979 kürt sie erstmals die »Blume des Jahres«. Es war mithin ein Jahr voller Schaffenskraft, wie so viele andere auch. In Fachkreisen berühmt ist ebenfalls der von Loki entdeckte Skorpion Tityus lokiae.

Vor allem machte sie sich immer wieder auf den Weg, um in aller Welt nach seltenen und bedrohten Pflanzenarten zu suchen. Ihre erste Expedition führte sie 1976 nach Kenia. Gemeinsam mit Wissenschaftlern der Max-Planck-Gesellschaft untersuchte sie nahe des Nakurusees das Lebensumfeld der Eisvögel. Im Kaukasus forschte sie nach Orchideen, in Bahia kümmerte sie sich um ein Schutzkonzept für Meeresschildkröten, auf den Galapagosinseln ging sie der einmaligen Vegetation auf den Grund. In den Überschwemmungswäldern der Amazonasregion entdeckte sie Gräser, die einen halben Meter wachsen – am Tag. Oder riesige Seerosen, die 60 Kilo tragen können – auf ihren Blättern. Und in der Antarktis fand sie, quasi unter dem Eis, das Einjährige Rispengras Poa annua. Jene Art, die seinerzeit im finsteren Hinterhof des Elternhauses spross. Es waren faszinierende, immer jedoch auch sinnvolle Exkursionen, die der Wissenschaft dienten und die Natur schützten.

Denn Frau Dr. honoris causa Loki Schmidt war genau das Gegenteil einer verhätschelten Politikergattin, die auf Händen durch den Urwald getragen werden musste und in luxuriösen Unterkünften zu logieren pflegte. So schrieb Wolfgang Wickler, der Nachfolger von Konrad Lorenz am Max-Planck-Institut, in einem Reisebericht über die eben erwähnte Kenia-Expedition: »Es gab nur stundenweise Strom und einige Tage lediglich gesammeltes Regenwasser aus einer Tonne. Das Haus war ohne Radio und Telefon. Aber begeistert genoss Loki das Arbeiten selbst im Dornengestrüpp und Schlamm und eine vom Tageslicht diktierte Arbeitszeit von sechs bis achtzehn Uhr. Sie stand morgens meist als Erste auf und bereitete schon mal Kaffee für alle. In ihrer nüchternen, aber freundlichen und fürsorglichen Art sorgte sie, wenn nötig, auch für Gin und Klopapier.«

Im Jahr 1987, also weit nach der Kanzlerzeit in Bonn, gründete die taffe Hanseatin den »Internationalen Gärtneraustausch«. Gärtner sollten in fremden Ländern Erfahrungen sammeln, weltweiten Austausch pflegen und ein gemeinsames Netzwerk hegen. Von Hamburg aus bestehen nach wie vor Kontakte nach Jerusalem, St. Petersburg, Göteborg, Venezuela und Shanghai. Einer, der davon profitierte, ist der gebürtige Hamburger Volker Struß, seit 1978 mit Leib und Seele im Botanischen Garten als Gärtner aktiv. Zweimal flog Struß auf Initiative Loki Schmidts nach Israel – 1996 und 1997 für jeweils vier Wochen. »Dort habe ich auch eine Menge Wissen für den Bibelgarten hier in Klein Flottbek erworben«, berichtet er. Dieser ganz besondere Teil des Botanischen Gartens beinhaltet die sieben Früchte Israels: zum Beispiel einen Granatapfel-Strauch oder Ölbaum, Feige und Wein. Hinzu kommen alte Getreidearten wie Dinkel und Gerste oder Kräuter wie Minze und Weinraute. Praktisch im Gegenzug reiste der Israeli Levi Meir nach Hamburg.

»Loki Schmidt trug die Nase niemals oben«, weiß Volker Struß aus eigener Erfahrung. Sie liebte es, mit den Gärtnern zu fachsimpeln, Anregungen auszutauschen, Inspiration zu we-

Eine Expeditionsreise führte Loki Schmidt 1976 nach Kenia.

Auch Bernd Lohse reiste mit Loki Schmidt nach Übersee.

Oben: Forschung im Badeanzug: Gemeinsam mit Gärtnern aus Klein Flottbek fahndet Loki in einem Flussbett im Süden Venezuelas nach seltenen Pflanzen.

Unten: Während der Venezuela-Reise im Oktober 1993 gibt es auch in einem Trockental biologisches Neuland entdecken.

cken. Bisweilen zog sie allein durch die Pflanzenwelt des Botanischen Gartens, um sich an der grünen Vielfalt zu laben. In sich versunken, genoss sie dann die stille Zwiesprache mit Blumen, Kräutern und Sträuchern. Später, als sie nicht mehr so gut laufen konnte, war sie vor Ort mit dem »Lokimobil« unterwegs, einem weißen Elektrogefährt. Auch lud sie immer wieder Volker Struß und andere Gärtner ins Ferienhaus am Brahmsee ein, um gemeinsam das Biotop am Ufer zu erkunden. Anschließend bat Loki, manchmal auch gemeinsam mit Helmut, die grünen Profis zum Mittagessen in den Dorfkrug. Ihre Seelenverwandten wussten zudem sehr zu schätzen, dass Loki noch im hohen Alter regelmäßig zu den Weihnachtsfeiern in die Kantine nach Klein Flottbek kam. Dort durfte sie, natürlich, als Einzige rauchen.

2009, ein Jahr vor ihrem Tod, schickte Struß Loki Schmidt ein Foto der von ihr so geliebten Brombeerblüte. Postwendend folgte ein handgeschriebener Dankesbrief.

Auch Gärtnerkollege Bernd Lohse weiß ausschließlich Gutes von der passionierten Biologin zu berichten. Eigentlich scheut der gebürtige Schleswig-Holsteiner, der 1977 im Tropenhaus in Planten un Blomen einstieg und für die Natur lebt, die Öffentlichkeit, »für Loki aber mache ich alles«. Und so erzählt er angetan von einer gemeinsamen Expedition 1993 nach Venezuela – im Rahmen des Internationalen Gärtneraustausches. Von Merida aus, einer 1500 Meter hoch in den Anden gelegenen Universitätsstadt, ging es den Nebelwald in nicht erschlossene Regionen. »Wir fuhren zu sechst in einem Auto«, sagt Lohse, »und Loki war mitten drin.« Zu Fuß ging es danach durch den Bergregenwald, und Loki sammelte begeistert Pflanzen. »Sie war ein Mensch zum Anfassen«, weiß Lohse. »Wir mochten sie.«

Eine weitere Station war Puerto Ayacucho in Venezuela, direkt an der kolumbianischen Grenze, dort, wo der Orinoco nicht schiffbar ist. Von einer kleinen Pension aus brach die Expeditionsgruppe auf: drei Tage auf der Spur extrem seltener Pflanzen. Man verschwand hinter Büschen, wenn es sein musste, oder badete – absolut natürlich – gemeinsam im Fluss. »Es war ein Paradies«, erinnert sich Bernd Lohse. Loki habe sich nicht sattsehen können an den Granit-Inselbergen, den winzigen Felshöhlen, den Wasserschalen und den Orchideen, die teilweise monatelang unter Wasser lebten.

»Loki Schmidt war eine von uns«, fasst Dr. Carsten Schirarend, der wissenschaftliche Leiter des Botanischen Gartens, bei einer Tasse Kaffee in seinem Büro zusammen. In den letzten Jahren ihres Lebens holte der Wissenschaftler Loki Schmidt manchmal zu Hause in Langenhorn ab, brachte sie nach Klein Flottbek und anschließend wieder zurück. »Es war jedes Mal ein Erlebnis«, erzählt er. »Für sie, aber auch für uns.«

Am 2. Juli 2010 ließ sich Loki Schmidt auch von subtropischen Temperaturen in Hamburg nicht vom Besuch im Botanischen Garten abhalten. An Helmuts Seite saß sie bei mehr als 40 Grad im Gewächshaus, um die »Silberpflanze« für Verdienste um den Artenschutz zu verleihen. Es war ein ergreifender Moment – und der letzte in der ihr ans Herz gewachsenen Umgebung. Leider.

Denn am 21. Oktober hauchte ein Leben aus, dessen 91 Jahre prall gefüllt waren mit sehr bitteren, jedoch überwiegend glücklichen und erfüllten Momenten. Ihre Heimatstadt Hamburg trug Trauer, als am 1. November im Turm von St. Michaelis das letzte Geläut erklang – keine vier Monate nach dem Besuch im Gewächshaus zu Klein Flottbek. Nicht nur den Freunden

Allerorten lauern kleine Wunder.
Loki Schmidt 1977 während einer Reise nach Ecuador und zu den Galapagosinseln.

Sie liebte es, mit den Gärtnern zu fachsimpeln, Anregungen auszutauschen, Inspiration zu wecken.

des Botanischen Gartens, deren Ehrenvorsitzende Loki Schmidt war, wird sie in unsterblicher Erinnerung bleiben.

Bei einer von Würde und enormer Dankbarkeit getragenen Trauerfeier gab es einen Augenblick, der besonders zu Herzen ging. »Die Blätter fallen, fallen wie von weit, als welkten in den Himmeln ferne Gärten«, sprach Henning Voscherau mit gebrochener Stimme in das Kirchenmikrofon. »Und doch ist Einer, welcher dieses Fallen unendlich sanft in seinen Händen hält.« Ein tiefer Atemzug, dann ergänzte Hamburgs früherer Bürgermeister das Rilke-Gedicht mit seinem ganz persönlichen Wunsch für seine verstorbene Freundin Hannelore: »Falle sanft, Loki. Ruhe sanft. Wir werden dich nicht vergessen.«

Dies war auch der Moment, in dem Gefühle die Hoheit gewannen über die preußische Selbstbeherrschung des Witwers ganz links in der ersten Reihe. Helmut Schmidts Kopf sackte nach vorn, sein Körper bebte, Tränen flossen. Sanft streichelte Tochter Susanne den weißen Hinterkopf ihres Vaters. Orgelklänge lösten das bedrückende, fast schmerzende Schweigen in St. Michaelis ab.

Bis dass der Tod euch scheide.

Acht Träger hievten den Eichenholzsarg in die Höhe. Langsam schritten sie dem Ausgang entgegen. Gefolgt von Helmut Schmidt im Rollstuhl, das Haupt auf die rechte Hand gestützt. Einsam wirkte der einst starke Kanzler, zerbrechlich fast. Hinter ihm ging Tochter Susanne. Aufrecht. Äußerlich aufrecht. Dieser vorletzte, schwere Gang führte vorbei an der amtierenden Kanzlerin Angela Merkel, ihrem Vorgänger Gerhard Schröder, an früheren Bundespräsidenten, Ministern, Bürgermeistern, Senatoren und anderen Würdenträgern. Selten, vielleicht noch

Loki Schmidt bei der Eröffnungsrede im Wüstengarten in Klein Flottbek (2005).

Dr. Carsten Schirarend, Direktor
des Botanischen Gartens in Hamburg.

nie, waren in Hamburgs Hauptkirche derart viele hochkarätige Ehrengäste zusammengekommen.

Sie alle erhoben sich, um einer Persönlichkeit Ehre, Respekt und Dankbarkeit zu erweisen, die viel mehr darstellte, als nur Kanzlergattin oder Ehrenbürgerin zu sein. Bereits zwei Stunden vor der Zeremonie stand eine Menschenschlange vor der Sicherheitsabsperrung rund um den Michel. Die beste Sicht hatte Reinhard »Buttje« Rauch, Chef des Old Commercial Rooms vis-à-vis dem Michel. »Da saß sie immer mit Helmut«, sagte Rauch und deutete auf einen Ecktisch vorne rechts in seinem Lokal. Darüber hängt ein Schwarz-Weiß-Foto des Kanzlers. Sie habe Labskaus gemocht – und vorweg gern einen Piccolo Fürst Metternich. Oder eine Bloody Mary.

Derweil nicht nur der Wirt in Erinnerungen schwelgte, wurde im Gotteshaus gegenüber Johann Sebastian Bachs Ouvertüre in h-Moll intoniert. Ebenfalls ein Wunsch der Verstorbenen. Stille. Dann Orgelimprovisationen. Schleifen an vielen Kränzen zollten Respekt wie Dank. Einige waren in den Deutschlandfarben, andere in den Hamburger Tönen gehalten. Hinter dem Sarg erinnerte ein großes Foto an Loki Schmidt, wie sie nicht nur die Hamburger mochten: selbstbewusst, kraftvoll, stolz, mit einem natürlichen Lächeln gesegnet. Hanseatisch eben.

Ebenso wie Henning Voscherau, der zum Abschluss einer überhaupt nicht prunkvollen, eher schlichten, aber genau deswegen stilvollen und würdigen Zeremonie nach vorn schritt. Am Sarg hielt er inne, verneigte sich. Der Bürgermeister a. D., mehr Freund als Weggefährte der Schmidts, hatte hörbar einen Kloß im Hals. Er war nicht der Einzige. Mehrfach brach dem sonst stets beherrschten Voscherau die Stimme, als er an Loki Schmidt erinnerte. »Darf ich noch eine Bestellung aufgeben, Henning?«, hatte sie Jahre vor ihrem Ende gefragt. Wie so oft hatte Henning Loki am Neubergerweg besucht, selbst zubereitetes Quittenbrot gegessen, starken Kaffee getrunken, passiv geraucht. Gemeint war die Ansprache für den Fall des Falles. Mit klarem Verstand setzten sich beide vier Stunden in Ruhe beisammen und besprachen jenes, was eines Tages zu sagen sein würde. Jetzt war es so weit.

Ob er noch irgendwelche Wünsche hätte für die Trauerrede, wollte Voscherau von seinem Freund Helmut Schmidt zuvor wissen. »Mach man, Henning«, war die Antwort. Mit einer Ausnahme: Schön wäre es, könnte die Menschlichkeit von Lokis Eltern Erwähnung finden, die während der Nazizeit Juden auf dem Boden vor den SS-Häschern versteckten. So geschah es dann auch.

Irgendwie war in St. Michaelis ein übergeordnetes Gefühl zu spüren, dass es genau so richtig war, was an diesem Montag passierte. An einem Novembertag, an dem sich der Himmel grau verschloss und die Blätter wie von weit fielen. Und doch ist Einer, so die Hoffnung, welcher dieses Fallen unendlich sanft in seinen Händen hält.

Vielleicht auch getragen von diesem Trost und enormer Dankbarkeit, kämpfte Helmut Schmidt gegen die Trauer an – mit äußerlich preußischer Disziplin. So war es für ihn eine Frage der Ehre, aber auch der Disziplin, im Bürgerschaftswahlkampf 2011 seinen Mann zu stehen. »Helmut Schmidt besuchte eine Diskussion, die ich im Rahmen des Wahlkampfes in Langenhorn veranstaltet habe«, schreibt der triumphale Wahlsieger und heutige Bürgermeister Olaf Scholz für dieses Buch. »Am nächsten Tag wurde Helmut Schmidt in einigen Hamburger Zeitungen mit dem Satz zitiert, ich hätte meine Sache an diesem Abend ›ganz ordentlich‹

Loki Schmidt signiert Wandteller – natürlich mit botanischen Motiven (1978).

gemacht.« Scholz' Erkenntnis: »Ich glaube, über eine solche Aussage von diesem Mann darf man sich freuen.«

Schon früher sei der Bundeskanzler a. D. für ihn ein Mensch gewesen, »der Respekt einflößt«. »Ich erinnere mich an ein Foto, das den Innensenator Schmidt zur Zeit der Sturmflut zeigt«, so Scholz. »Er war damals ein junger Mann. Er saß an einem Tisch, umgeben von Mitarbeitern seiner Behörde, mit einem ernsten und entschlossenen Gesicht. Er strahlte schon damals die Souveränität aus, die er später noch in vielen anderen Situationen seines politischen Lebens haben sollte.«

Auch in den Tagen des Abschieds von seiner geliebten Ehefrau bewies Helmut Schmidt diese ganz besondere Souveränität. Wie oft hatten sich Loki und er abends im Langenhorner Doppelhaus darüber unterhalten, wie es sein würde, wenn einer nicht mehr für den anderen da sein könne. Doch was nutzen viele vergangene Worte, wenn der nicht nur insgeheim gefürchtete Moment plötzlich Realität ist?

Zur Auseinandersetzung mit diesem unvermeidlichen Thema gab es nicht nur ausreichend Muße, sondern auch konkrete Anlässe. Nicht nur nach Loki Schmidts schweren Lungenentzündungen mit 1990 und 2002 und Operationen an dem Organ, ihrem Schwächeanfall 2005, den Lendenwirbelbrüchen 2007, einem eingeschraubten Wirbelsäulengestell 2008 sowie dem Bruch des rechten Sprunggelenks am 23. September 2010. Auch Helmut Schmidt erlebte – im wahrsten Sinn des Wortes – mehrfach äußerst kritische Situationen. Dabei sprang er, um in seinem Vokabular zu bleiben, dem »Tod von der Schippe«.

So wie im Kanzlerjahr 1980, als Helmut Schmidt nach einer Herzattacke ohnmächtig in ein Koblenzer Krankenhaus eingeliefert wurde. Oder 1981, als sein Herz viermal stillstand und ein Schrittmacher implantiert wurde. Oder, wie im Kapitel sechs erwähnt, als er nach 1990 auch 2002 nach einem Herzinfarkt in allerhöchster Not vom Brahmsee in die Kieler Universitätsklinik gebracht werden musste. Einmal wurden vier Bypässe implantiert. Wie harmlos ist im Vergleich die vom Vater geerbte Schwerhörigkeit auf dem linken Ohr. Das rechte ist seit einem Hörsturz fast taub.

Vielleicht tragen solche Ereignisse dazu bei, die akute Furcht vor dem Ende zu verlieren. Hinzu kam eine weitere, fast unbeschreibliche Stärke, die Loki und Helmut Schmidt einte: Beide verfügten über die Kraft der zwei Herzen. Zumal beide ihrer Art stets treu geblieben sind. Sonst vielleicht nicht unbedingt; das jedoch möge ihr Geheimnis bleiben. Die Schmidt'sche Ehe, die mit Fug und Recht als Jahrhundertliebe bezeichnet werden darf, hielt allen zwischenzeitlichen Belastbarkeiten stand, gewann von Jahr zu Jahr an Intensität und ist unter dem Strich eine Verbindung gewesen, von der viele andere träumen können. Einmal, sagte Loki vor ihrem Tod, nur ein einziges Mal hätten sich beide »so richtig gezankt«. Da sei sie so im Brass gewesen, dass sie einen nassen Waschlappen nach Helmut geworfen hatte. Verdammt lang ist das her, irgendwann kurz vor der Währungsreform. Den Anlass haben beide längst vergessen.

Am Ende bleibt die Gewissheit, dass niemals erlischt, was einmal gewesen ist und ein Leben verband. Ein Leben und noch viel, viel mehr. Dieses stabile Gefühl möge Helmut Schmidt noch lange gesunden Körper und wachen Geist bescheren.

Wo gibt es sonst schon noch einen wie ihn!

Selbst Fachleute staunten über die Qualität der Zeichnungen, die Loki Schmidt während ihrer Reisen anfertigte, wie hier von einem afrikanischen Fever Tree.

ALBUM
ALBUM
OSKAR KOKOSCHKA
ÄGYPTEN
CAPPADOCIA
EMIL NOLDE
PAUL KLEE
Kunst in Berlin
PAUL CEZANNE
MAX BECKMANN
APOKALYPSE
BENEDICTUS
VAN GOGH
PALAZZO CHIGI
PALAZZO CHIGI
VILLA MADAMA
PICASSO
MARC CHAGALL
EL GRECO
EXPRESSIONISMUS
GEORGES ROUAULT
BRUXELLES
GOYA
DÜRER
PIETER BRUEGEL
KUNST UND MEDIZIN
Bauhaus
AUGUST MACKE

10

Gekrönte und ungekrönte Regenten kamen nach Langenhorn, um in der bürgerlichen Idylle des Schmidt'schen Domizils vertrauensvolle Gespräche zu führen. Doch wie sieht es hinter den Kulissen des vielleicht berühmtesten Doppelhauses Deutschlands aus? Helmut Schmidt bat herein ...

Die gute Stube der Schmidts daheim in Langenhorn – Begegnungsstätte bei vielen Staatsbesuchen.

Handy, Computer? »So etwas kommt mir nicht ins Haus«

Vier Treffen mit Helmut Schmidt gab es im Vorfeld dieses Buches – stets in seinem Büro im Pressehaus der »Zeit« am Speersort. Immer wieder von Neuem verblüfften das exzellente Gedächtnis, die enorme Hilfsbereitschaft und die erstaunliche Herzenswärme des früheren Bundeskanzlers. Auf die letzten beiden Punkte direkt angesprochen, entgegnete der 92-Jährige in der ihm eigenen Art: »Wenn es so ist, dann muss es Altersmilde sein.« Dabei zog ein breites Lächeln über sein Gesicht. Und er blickte seinem Gegenüber über die Brille hinweg direkt in die Augen: amüsiert, verschmitzt, ein bisschen provozierend. In diesem Moment keimte wieder diese Gewissheit, die jeden der vier Termine dominierte: Dieser Mann ist ganz anders, als es Vorurteile besagen mögen. Vor allem umgibt ihn eine Aura, eine natürliche Würde, von der andere nur träumen können.

Schmidts gute Laune und seine sympathische Art machten Mut für eine letzte entscheidende Frage: »Besteht die Möglichkeit, Sie auch einmal bei sich zu Hause am Neubergerweg zu besuchen?« Und, wenn ja, mit einem Fotografenkollegen? Wahrscheinlich schüttelte es Schmidt innerlich, denn das geht eigentlich gar nicht. Erst recht nicht von jener Spezies, die er gemeinhin als Wegelagerer oder Pressefuzzis zu titulieren pflegt. »Warum?«, fragte er mit scheelem Blick. »Weil man ein solches Buch nur dann anständig schreiben kann, wenn man das nächste Umfeld der Hauptperson inhaliert und seine Privatsphäre geschnuppert hat.« Kurzes Zögern. »Gut!«, meinte er dann. Nicht mehr, aber auch nicht weniger.

Gesagt, getan. Auf nach Langenhorn.

Es ist ein herrlicher Frühlingstag 2011. Der Sicherheitsmann in der Butze neben dem grünen Einganstor vergleicht die beiden Personalausweise mit den Namen auf einer Liste und winkt freundlich durch. Zwei Meter sind es bis zum nächsten Zaun. »Schmidt« steht über dem Klingelknopf. Hier beginnt der Privatraum des Witwers. Also Knopf drücken, wie bei anderen Leuten auch. In der Haustür des Doppelhauses erscheint eine ältere, freundliche Dame mit Strickpulli. »Herr Schmidt wartet schon«, sagt sie und bittet hinein. Durch diese Haustür sind sie also gegangen, die großen dieser Welt, von Breschnew über Kissinger bis zu Giscard. Einmal kurz Luft holen, dann geht's weiter.

Überall hängen gerahmte Bilder, hinten links ist ein schwarz lackierter Flügel zu sehen. Perserteppiche. Glasvitrinen mit Kleinkram. Gemütlich wirkt es. Durch den Flur und das Wohnzimmer führt die freundliche Dame zu einer kleinen Treppe, die mit einem Fahrlift ausgestattet ist. Damit fuhr einst Reinhold Beckmann in den ersten Stock, als ihn Loki darum bat. Wahrscheinlich, um dessen Beklemmung zu lösen und die bequeme Art des Transports zu beweisen. Die Tür des Zimmers im Zwischengeschoss steht offen. Der Hausherr sitzt im Trainingsanzug am Schreibtisch und blickt entgegenkommend. »Moin, Herr Schmidt!« Jede andere Anrede hat er sich verbeten. »Moin!«, murmelt er. Auf einem kleinen Beistelltischchen mit Glasplatte stehen zwei Teetassen, Zucker, Milch, eine Thermoskanne, ein Porzellanschälchen mit Keksen, eine große weiße Kerze. Und ein Aschenbecher, natürlich.

»Nehmen Sie Platz, junger Mann«, sagt Helmut Schmidt. Offensichtlich ist in seinem Alter jeder andere ein junger Mann. Fotograf Stephan Wallocha erhält die Erlaubnis, sich in Haus und Garten frei zu bewegen. Es geschehen doch noch Zeiten und Wunder!

Buchautor Jens Meyer-Odewald 2011
im Gespräch mit Helmut Schmidt in dessen
Arbeitszimmer am Neubergerweg.

Derweil der Gastgeber mit seinem Rollstuhl um die Schreibtischkante rangiert und dabei leise vor sich hinflucht, schweift ein erster Blick durch das Arbeitszimmer. Die Einbauschränke sind randvoll mit Büchern und Kleinkram gefüllt – Schätze aus aller Welt. Auf der Fensterbank stehen ein Globus, ein Gipsrelief auf einer kleinen Holzstaffelei und ein Farbfoto seiner Tochter Susanne. Durch das Fenster ist viel Grün zu sehen. Zwischen den Bäumen hängt eine Eule aus Beton. Und auf dem Schreibtisch stehen eine Uhr, mehrere Zinkbecher mit Stiften, Brieföffnern, Scheren, daneben liegt eine große Lupe. Wie alles andere auch ist das Telefon nicht jüngsten Baujahres. Handy, Computer? »So etwas kommt mir nicht ins Haus«, hat er vorher schon gesagt.

Schmidt hievt sich vom Rollstuhl in den braunen Rattansessel. Irgendwie mag man gar nicht so recht hinsehen. Andererseits tut es der Würde keinen Abbruch. Ganz im Gegenteil. »Wenn ihr erst mal 93 werdet, geht's euch auch nicht besser«, knurrt er. Wenn's später so ginge, wär's schon gut. Der Hausherr bittet um etwas Tee »mit ordentlich Mich«, süßt ihn. Dann öffnet er die Silberschatulle. Prall gefüllt ist sie mit akkurat gestapelten Zigaretten Reyno Menthol und hellblauen Plastikdöschen mit Schnupftabak der Marke »Gletscherprise«. Feuer frei. Für beide Seiten.

Eine Bitte habe er, sagt Schmidt: Bitte keine Zitate. Kein Problem, Ehrensache. Unkompliziert geht es um Gott und die Welt. Um sein neuestes Buch, um seinen Widerwillen gegen jegliche Art von Autobiografie oder Publizität, um Hamburg, um damals und heute. Er erzählt von vergangenen Tagen mit Loki, von gemeinsamen Erlebnissen an der Lichtwarkschule, vom Lehrer Jens Börnsen, der beider Sinn für die schönen Künste erweckte. So etwa elf Jahre sei er da alt gewesen. Dann fragt er

Den Eingangsbereich
zieren viele Gemälde. In der Vitrine
stehen Sammelstücke von Lokis Reisen.

nach der Recherche für dieses Abendblatt-Buch. Will wissen, was Lokis frühere Kollegiumsfreundin Hildegard Wandschneider genau gesagt hat, was ehemalige Mitschüler meinen und die Botaniker in Klein Flottbek.

Allesamt waren voll schöner Erinnerungen und liebevoller Gedanken, so die Auskunft. Dass mache seine Frau auch nicht lebendiger, sagt er leise und stößt eine gewaltige Rauchwolke aus. Noch etwas Tee, bitte schön. Schmidt drückt die Kippe aus, nestelt nach der nächsten Zigarette. Schweigen. Dann deutet er auf einen goldfarbenen Kasten im zweiten Regalfach von unten. Die Uhr ist ein Geschenk des verstorbenen Industriellen und Mäzens Kurt Körber. Das gute Stück sei ewig alt und gehe immer noch auf die Sekunde pünktlich. Ein kleines Wunderwerk aus Genf. Arbeitet mit einem gasgefüllten Metallzylinder. Schmidt ist ganz begeistert und erläutert die Mechanik des in Ehren gehaltenen Geschenks. Der Gast versteht nur Bahnhof, ist indes um eine halbwegs schlaue Miene bemüht.

Plötzlich klingelt das Telefon. Schmidt stöpselt sein Hörgerät um. Am anderen Ende der Leitung ist Egon Bahr, der alte Weggefährte. Ihm gehe es gut. Nein, im Rollstuhl sitze er noch nicht. Zeit, um kurz vor die Tür zu gehen? Schmidt deutet an zu bleiben, klönt ein paar Minuten, legt dann auf. Und erzählt von den Gästen früher hier im Hause. Sehr dezent macht er das, ungemein bescheiden. Noch ein bisschen Klönen und Paffen, dann sind gut eineinhalb Stunden wie im Fluge vergangen. »Seht euch ruhig um«, sagt er, reicht die Hand und sagt: »Tschüs!«

Vom Zwischengeschoss geht es ein paar Stufen hinunter ins Wohnzimmer. An den Wänden hängen jede Menge Bilder, die meisten aus Öl. Sonnenblumen, Schiffe, das Teufelsmoor. Werke von Otto Modersohn sind zu sehen, ebenso von Paula Modersohn-Becker. Sie sind einträchtig vereint mit Hamburger Malern wie Paul Kayser oder Hugo Schmidt. Offensichtlich die Saat, die Lehrer Börnsen einst in die Seelen der Schmidts pflanzte. In die weißen Wände eingelassen sind Vitrinen mit gläsernen Schiebetüren, dahinter stehen Steine, Muscheln, kleine Figuren und Skulpturen. Lokis Mitbringsel aus aller Herren Länder. Überall liegen Perserteppiche, und die Dachflächen sind mit Holz verkleidet.

Die Schrägen machen die Räume gemütlich. Auf einer Fensterbank stehen Grünpflanzen und eine Holzmaske aus Übersee. Auf einem Tisch davor liegen Notenhefte, unter anderem von Johann Sebastian Bach. Manchmal setzt sich Helmut Schmidt an den schwarzen Flügel und improvisiert nach Lust und Laune. Hören kann er das Resultat zwar nicht, aber das Klavierspiel dient dem inneren Frieden. Neben dem Pianohocker steht eine bunt bemalte Bodenvase mit langstieligen orangefarbenen Lilien. Auf Blumen wird im Hause Schmidt Wert gelegt – nach wie vor.

Mittlerweile hat die freundliche Dame von vorhin das Kommando übernommen. Oben im Büro ist Helmut Schmidts Stimme zu vernehmen. Wer weiß, mit welchen Größen der Weltpolitik er hier früher vertraulich telefonierte? Bei der Dame übrigens handelt es sich nicht, wie anfangs vermutet, um die seit mehr als drei Jahrzehnten aktive Haushälterin, sondern um eine persönliche Vertraute, die tagsüber ein wenig assistiert. Früher war sie lange als Sekretärin im Einsatz. Sie möchte Diskretion wahren und nicht groß genannt werden. Selbstverständlich geht das in Ordnung.

Zwei Holzstühle als Geschenk zu Helmut Schmidts 65. Geburtstag.

»*Und hier geht's in die Kneipe*«

Im Kontrast zur weißen Wand auf der linken Seite steht die rotgeklinkerte nebenan. Eingelassen ist ein breiter Kamin, über dem ein großes Blumengemälde hängt. Holzscheite sind in dem Eisenkorb daneben untergebracht. Vor den Bücherregalen stehen zwei mit Intarsien verzierte Holzsessel. »Loki Schmidt« ist in die eine Lehne eingearbeitet. »Helmut Schmidt« in die andere. Beide eint das Datum: 23. 12. 1983, der 65. Geburtstag des Hausherrn.

Das ist originell, weit gemütlicher indes wirkt die braune Couchgarnitur in einer anderen Ecke. Diese Ledersofas und Sessel sind weltberühmt. Bisweilen erhielten Fotografen für einen Moment Zutritt, um Loki und Helmut Schmidt mit ihren illustren Gästen ablichten zu dürfen. Überall liegen Kissen, und auf dem niedrigen Holztisch ist eine weiße Decke zu sehen, auf der ein Kerzenleuchter steht. Wann Loki und Helmut hier wohl zuletzt vertraut beisammen saßen und lange Gespräche führten? Auch in diesem Raum stehen Hunderte Bücher in den Regalen.

Im hinteren Bereich des Doppelhauses befindet sich das Esszimmer. In der Mitte steht ein ausziehbarer Holztisch mit acht Holzstühlen mit grünen Sitzauflagen. Eine Flasche Baileys steht bereit, ebenfalls Mineralwasser und Saft. Auch hier sind die Wände voller Ölgemälde, meistens aus dem Hamburger Hafen oder aus norddeutschen Landschaften. Auf den Kommoden stehen Bücher und allerlei Erinnerungsstücke – als Beute von Lokis Reisen. In einer beleuchteten Vitrine sind Porzellanstücke, Tonkrüge und viele weitere Figuren zu entdecken. Alles ist sehr ordentlich platziert, alles perfekt sauber. Dennoch schleicht sich für einen Moment Wehmut ein: So richtig Leben wie früher einmal ist nicht in den vielen Räumen. Dass diese dennoch Zeugnis

Souvenirs, Souvenirs – so maritim ist die berühmte »Kneipe« dekoriert.

Auf dem Esszimmertisch: Tageszeitungen, Aschenbecher und Kaffeelikör.

vom starken Charakter des Bewohners und seiner verstorbenen Ehefrau ablegen, steht auf einem anderen Blatt.

Die Bar neben dem Esszimmer

Die freundliche Dame unterbricht einen Anflug von traurigem Gefühl mit dem Hinweis: »Und hier geht's in die Kneipe.« So pflegt Helmut Schmidt alter Hamburger Sitte gemäß die Bar neben dem Esszimmer zu nennen. Zwischen mit Enzyklopädien, Kunstwerken, Bildbänden und Reiseführern prall gefüllten Bücherregalen führt eine offene Tür in diese Kneipe. In ihrem Rahmen sind Masken aus Übersee und ein Schwert angebracht. An der Seite auf dem Boden stehen Elefantenstoßzähne mit kunstvollen Gravuren.

Die Theke ist aus Backsteinen gemauert und mit einer dicken Holzauflage bedeckt. An den Wänden hängen maritime Bilder, Schiffszubehör, nautische Geräte, Seemannsknoten, Seekarten. Eine Schiffsleuchte ist zu sehen, eine Dreimastkogge, eine wuchtige Messingglocke. Die Regale im hinteren Bereich sind gut bestückt mit allen möglichen Spirituosen. Darüber sind ein paar Buddelschiffe beleuchtet. Auf beiden Seiten der Theke befinden sich Barhocker. Und, natürlich, stehen überall Aschenbecher. Nichtraucher haben hier gewiss kein leichtes Spiel. Auf der Theke steht ein schwarzer Butler, der sich bei Knopfdruck bewegt und lustige Sätze sagt. Ein Geschenk von Tochter Susanne, die den Sinn für solche Späße mit ihrem Vater teilt. Von ihr stammt auch das Plastikschwein dahinter. Welcher Staatsmann sich daran wohl ergötzt hat?

Ein Ruf aus dem Flur sorgt für Unterbrechung: Helmut Schmidt ist mit seinem Gehwagen aus dem Büro gekommen. Er erklärt, warum das Piano mit einem Teppich geschützt ist. Dann deutet er auf die Wand: Eines der Bilder dort ist von Lilli Palmer gemalt. Jedes einzelne Stück im Hause, so wird klar, hat seine Bedeutung. Es sind höchst persönliche Erinnerungen an fünf lebhafte Jahrzehnte unter diesem Dach. Was ist alles geschehen nach den Turbulenzen der Weimarer Republik, dem Zweiten Weltkrieg und den Jahren des Wiederaufbaus und Aufbruchs danach. Als Deutschland vom Wirtschaftswunder wachgeküsst wurde, zogen die drei Schmidts hier ein. Und als Bundeskanzler sorgte der Hausherr dafür, dass Hamburg-Langenhorn und besonders der Neubergerweg weltweit bekannt wurden.

Vom Krankenhaus Finkenau, Helmut Schmidts Geburtsort, bis hierher ist es nur ein kurzer Weg. Doch was ist alles passiert in diesen bald 93 Jahren! Wie hat sich die Welt geändert! Wie hat sich Hamburg entwickelt! Und welche historisch prägende Rolle hat der Mann eingenommen, der in diesem Moment auf seinen Gehwagen gestützt im Wohnzimmer steht, lächelt und nochmals »Tschüs« sagt. Eine Gänsehaut stellt sich bei den Besuchern ein, aber eine insgesamt wohlige. Eines hoffentlich fernen Tages, so ist es von den Schmidts bestimmt, soll dieses berühmte Haus zum Museum werden – mit Zutritt für jeden. Damit sich die Hamburger und deren Gäste persönlich ein Bild davon machen können, wo viele Jahre lang große Politik zu Hause war.

Beim Abschied fällt der Blick noch einmal auf die Flurwand. In Öl gemalt hängen dort Loki und Helmut Schmidt. Getrennt in dunklen Rahmen, aber doch Seite an Seite. Es ist ein Leben, ein faszinierendes, einmaliges Leben.

Zwei Stoßzähne weisen
den Weg in die Hausbar.

HELMUT UND HANNELORE SCHMIDT – STATIONEN IHRES LEBENS

23.12.1918

Der Tag vor Heiligabend in der Hamburger Frauenklinik Finkenau. In was für eine Zeit wird Helmut Heinrich Waldemar Schmidt geboren! Die Novemberrevolution greift von Kiel nach Hamburg über, Kaiser Wilhelm II. dankt als deutscher Kaiser ab, der Erste Weltkrieg ist soeben per Waffenstillstand beendet, Hamburgs Bürgerschaft und Senat erhalten vom Arbeiter- und Soldatenrat ihre Befugnisse zurück. In Hamburg wird der Tod von rund 40 000 Soldaten beklagt. Es herrscht Lebensmittel- und Wohnungsnot, und so erwartet eine Million Hamburger der dritte Hungerwinter in Folge. Vater Gustav Schmidt, ein Studienrat, freut sich mit Ehefrau Ludovica über den Nachwuchs mit den grau-blauen Augen. Die ersten Jahre seiner Kindheit verbringt Helmut Schmidt in Barmbek.

3.3.1919

Ganz in der Nähe erblickt wenige Monate später, am 3.3.1919, Hannelore Glaser das Licht der Welt. Vater Hermann ist Elektriker und Werftarbeiter, Mutter Gertrud gelernte Schneiderin. Die nächsten Jahre lebt Familie Glaser im Hinterhaus einer kleinen Straße in Borgfelde.

1925

Ab diesem Jahr geht Helmut Schmidt zur Volksschule an der Wallstraße. Etwa zur gleichen Zeit besucht die kleine Hannelore Glaser eine Schule an der Burgstraße. Bis zu dem Zeitpunkt, der die beiden Kinder zusammenbringen sollte …

1929 … die Einschulung an der Lichtwarkschule am Grasweg, der heutigen Heinrich-Hertz-Gesamtschule. Der gemeinsame Schulbesuch in den folgenden acht Jahren bis zum Abitur 1937 formte die Jugendlichen in ihrer Persönlichkeit. Beide wissen die freie Denkweise und die Erziehung zur Toleranz zu schätzen. Zudem liegt der Unterrichtsschwerpunkt auf Kunst und Musik. Abgesehen davon, dass es in dieser Schule keine Zeugnisse gab, ist zur damaligen Zeit die Tatsache bemerkenswert, dass hier Jungen und Mädchen gemeinsam unterrichtet werden. So wird Helmut auf das Mädchen mit der Bubikopf-Frisur aufmerksam. Hannelore hat es faustdick hinter den Ohren: Sie prügelt sich oft und fängt im zarten Alter von zehn Jahren mit dem Rauchen an.

1933 Die Nationalsozialisten kommen an die Macht. Helmut Schmidt wird zunächst Kameradschaftsführer in der Hitlerjugend, dann Scharführer, bis er 1936 ausgeschlossen wird. Hannelore Glaser tritt 1935 dem Bund Deutscher Mädel bei, wird schließlich BDM-Scharführerin, 1937 muss sie in den Reichsarbeitsdienst.

1939 Der Zweite Weltkrieg bringt tief greifende Veränderungen auch in das Leben von Helmut Schmidt und Freundin Hannelore Glaser. In diesem Jahr schließt Schmidt seinen Wehrdienst als Wachtmeister ab. Nun wird er in den Kriegsdienst einberufen.

1940 Schmidt wird zum Leutnant befördert, nach Berlin zum Oberkommando der Luftwaffe abkommandiert. Zur gleichen Zeit absolviert Hannelore Glaser die Lehrerprüfung für Volks- und Realschule, arbeitet zunächst im Dorf Hambergen bei Bremen und erhält später eine Stelle an der Volksschule am Bauerberg in Horn.

1941 Helmut Schmidt muss an die Ostfront. Trotzdem verliert sich das junge Paar nicht aus den Augen.

1942 Als Helmut Schmidt Anfang 1942 nach Berlin beordert wird, kann er über die Ostertage nach Hamburg reisen. Er macht Hannelore einen Heiratsantrag. Ende Juni 1942 wird auf der Uhlenhorst standesamtlich geheiratet. Am 1. Juli 1942 folgt die kirchliche Trauung in Hambergen bei Bremen. Das frisch vermählte Paar bezieht eine gemeinsame Wohnung in der Gluckstraße.

1944 Am 26. Juni 1944 wird Sohn Helmut Walter geboren, der nur acht Monate später auf tragische Weise an Gehirnhautentzündung stirbt. Hamburg wird durch Bombenangriffe zerstört, unendlich viel Leid bricht über die Stadt hinein. Immerhin: Die Familien Schmidt und Glaser kommen mit dem Leben davon.

1945 Im April wird Helmut Schmidt in Soltau in britische Kriegsgefangenschaft genommen. Er kommt in das belgische Lager Jabbeke, das er im gleichen Jahr verlassen kann. Allerdings führt Schmidts militärischer Einsatz als Artillerist am Geschütz zu einer Schwerhörigkeit am linken Ohr, die ihn zeitlebens beeinträchtigen soll. Unbeachtet der Nachkriegszeit und ihren Entbehrungen beginnt Helmut Schmidt in diesem Jahr mit dem Studium Staatswissenschaften und Volkswirtschaftslehre an der Universität Hamburg. Ehefrau Hannelore arbeitet unterdessen in einem Harburger Kinderheim.

1946 Schmidt wird Mitglied der SPD. An der Uni engagiert er sich im Sozialistischen Deutschen Studentenbund (SDS), dessen Bundesvorsitzender er 1947 wird.

1947 Im Mai dieses Jahres freut sich das Ehepaar über weiblichen Nachwuchs: Tochter Susanne kommt zur Welt.

1949 Zielstrebig beendet Helmut Schmidt sein Studium mit einer Diplomarbeit über »Die japanische Währungsreform im Vergleich mit der deutschen«. Unter Karl Schiller bekommt er eine Stelle als Referent in der Hamburger Behörde für Wirtschaft und Verkehr.

1953	Schnell wird er Abteilungsleiter, dann Leiter des Amtes für Verkehr. Im September gleichen Jahres werden seine politischen Ambitionen belohnt: Schmidt wird (zunächst bis 1962) Abgeordneter im Deutschen Bundestag und pendelt fortan zwischen Bonn und Hamburg.
1958	Schmidt wird Mitglied des SPD-Bundesvorstands.
1961	Im Dezember wird Schmidt zum Polizeisenator der Freien und Hansestadt Hamburg ernannt. Ehefrau Loki tritt im gleichen Jahr der SPD bei.
1962	Schon bald wird sein Können als Senator auf eine harte Probe gestellt. Am 16. Februar bricht eine furchtbare Sturmflut über die Nordseeküste und Hamburg herein. Vor allem die Deichbrüche in Wilhelmsburg verursachen schwere Schäden, mehr als 300 Tote sind zu beklagen, ein Sechstel der Stadtfläche Hamburgs steht unter Wasser. Schmidt reagiert sofort: Er koordiniert die Rettungsmaßnahmen, fordert unbürokratisch Hilfe bei Bundeswehr und Nato an.
1965	Helmut Schmidt und wird erneut Bundestagsabgeordneter und vertritt den Wahlkreis Bergedorf. Während Loki weiterhin als Lehrerin an verschiedenen Hamburger Schulen tätig ist und sich zunehmend für den Schutz gefährdeter Pflanzen engagiert, macht ihr Ehemann steile Karriere in der Politik.
1967	Schmidt wird Vorsitzender der SPD-Bundestagsfraktion.
1968	Schmidt wird stellvertretender Bundesvorsitzender der SPD.
1972	Am 7. Juli löst Schmidt Karl Schiller als Wirtschafts- und Finanzminister ab.

1974 Am 16. Mai wird Schmidt zum fünften Kanzler der Bundesrepublik Deutschland gewählt und damit Nachfolger von Willy Brandt. Die größten Herausforderungen seiner Kanzlerschaft während der 70er-Jahre sind die Ölkrise und die damit einhergehende Wirtschaftskrise, der Terrorismus der Roten Armee Fraktion (RAF) im sogenannten Deutschen Herbst 1977.

1976 Loki Schmidt gründet das Kuratorium zum Schutz gefährdeter Pflanzen. In diesem Jahr beginnt sie, Wissenschaftler auf Expeditionen in alle Welt zu begleiten. 1979 ruft sie eine eigene Stiftung zum Schutze gefährdeter Pflanzen ins Leben und kürt 1980 erstmals die »Blume des Jahres«. Loki Schmidt ist an vielen Publikationen beteiligt, hat Talent als Zeichnerin von Pflanzen und Bäumen, die sie während ihrer Reisen studiert, und steht in regem Gedankenaustausch mit Botanikern in aller Welt, was ihr zahlreiche Auszeichnungen und Ehrentitel einbringt.

1981 Schmidts Engagement für den Nato-Doppelbeschluss wird zur politischen Zerreißprobe.Die großen beruflichen Belastungen führen bei Helmut Schmidt zu gesundheitlichen Schäden. Hatte er schon in den 70er-Jahren unter Herzrhythmusstörungen zu leiden, so muss er sich im Oktober 1981 einer schweren Operation unterziehen und seitdem mit einem Herzschrittmacher leben. Weitere schwere Herzoperationen werden folgen.

1982 Schmidt droht der SPD mit Rücktritt. Im Herbst scheitert schließlich die sozial-liberale Koalition. Am 1. Oktober wird Helmut Kohl durch ein konstruktives Misstrauensvotum neuer Bundeskanzler einer Regierungskoalition aus CDU/CSU und FPD.

1983 Für seine Verdieste um die Stadt Hamburg wird Helmut Schmidt der Titel »Ehrenbürger der Stadt Hamburg« verliehen. Am 1. Mai wird er Mitherausgeber der Wochenzeitung »Die Zeit«.

1984 Schmidt bleibt bis zu diesem Jahr Mitglied des Bundesvorstandes der SPD und stellvertretender Parteivorsitzender. Spätestens seit den 80er-Jahren macht er sich als Buchautor einen Namen, er ist geschätzter Redner bei vielen internationalen Veranstaltungen. Das politische Wirken Schmidts wird mit zahlreichen Auszeichnungen im In- und Ausland gewürdigt. Mehrere deutsche Städte ernennen ihn zum Ehrenbürger. 30 Mal wird ihm der Titel »Ehrendoktor« verliehen, so zum Beispiel in Harvard, Oxford, an der Sorbonne und japanischen Universitäten. Trotz zahlreicher Ehrenämter und Aufsichtsratsposten (etwa bei der Deutschen Airbus GmbH) findet Schmidt immer wieder Zeit für Freizeitaktivitäten wie Malen und Musizieren oder etwa Segeln im Urlaubsdomizil am schleswig-holsteinischen Brahmsee, wo es die Familie seit 1958 hinzieht.

1993 Weiterhin engagiert sich Helmut Schmidt gesellschaftspolitisch, bemerkenswert ist in diesem Jahr die Gründung der Deutschen Nationalstiftung.

2009 Am 12. Februar ernennt Bürgermeister Ole von Beust Loki Schmidt zur Ehrenbürgerin Hamburgs.

2010 Als Loki Schmidt am 21. Oktober 2010 im Alter von 91 Jahren verstirbt, findet im Hamburger Michel eine bewegende Trauerfeier statt. Ihre Familie, Freunde, Weggefährten, Politiker und Bürger nehmen Abschied und erweisen einer großartigen Persönlichkeit die letzte Ehre. Hannelore Schmidt wird in kleinem Kreis in der Familiengrabstätte auf dem Friedhof Ohlsdorf beigesetzt. Ihr Ehering, den Helmut Schmidt seitdem am kleinen Finger der linken Hand trägt, ist stummer Zeuge einer jahrzehntelang währenden Liebe. Ihr Wunsch, die Gnadenhochzeit feiern zu dürfen, hat sich nicht mehr erfüllt …

Wenn Augen lachen! Ein Leben in
Harmonie: Loki und Helmut Schmidt.

Mehr als vier Jahrzehnte ist das her: Helmut und Loki Schmidt bei einer Feier.

Von Herzen danken wir für die großartige Unterstützung

Christoph Ahlhaus

Reinhold Beckmann

Prof. Gabriele Beger

Ole von Beust

Anke Braband

Natascha Cali

Giovanni di Lorenzo

Klaus von Dohnanyi

Valéry Giscard d'Estaing

Arik Gotthardt

Prof. Heiner Greten

Sabine Gülerman

Fred Herrmann

Uwe Holtmann

Hans-Jochen Jaschke

Henry Kissinger

Jessee LePorin

Rüdiger Kelm

Susanne Kennedy-Schmidt

Hans-Ulrich Klose

Tanja Krawczyk

Stephan Kuhr
Infopool Axel Springer

Bernd Lohse

Karin Meyer

Charlotte Meyer-Odewald

Solveig Meyer-Odewald

Manfred Nielen

Rosemarie Niemeier

Ortwin Runde

Carsten Schirarend

Jörg Schmoll

Olaf Scholz

Lisa Schulz

Peter Schulz

Nicole Schweers

Theo Sommer

Stephan Steinlein

Günter Stiller

Frank Stuhlmacher

Volker Struß

Jörg Theilengerdes
Infopool Axel Springer

Werner Thissen

Henning Voscherau

Heiko Weidemann
Infopool Axel Springer

Hildegard Wandschneider

Maria Zajonz

Zeitzeugen / Geprächspartner

Reinhold Beckmann

Giovanni di Lorenzo

Valéry Giscard d'Estaing

Arik Gotthardt
Schulleiter Hirtenweg

Uwe Holtmann
Mann vom Deich

Weihbischof Hans-Jochen Jaschke

Susanne Kennedy-Schmidt

Henry Kissinger

Bernd Lohse
Lokis Expeditionsbegleiter Venezuela/Brasilien

Carsten Schirarend
Leiter Botanischer Garten

Ilse Schröder
ehemalige Schülerin

Theo Sommer

Volker Struß
Gärtner Botanischer Garten

Erzbischof Werner Thissen

Hildegard Wandschneider
Ex-Schulleiterin Othmarscher Kirchenweg
und beste Lokis Freundin

Alle noch lebenden Bürgermeister:

Peter Schulz

Klaus von Dohnanyi

Hans-Ulrich Klose

Henning Voscherau

Ortwin Runde

Ole von Beust

Christoph Ahlhaus

Olaf Scholz

Das Ehepaar Schmidt entspannt
im Urlaub am Brahmsee (1974).

Impressum

Herausgeber Hamburger Abendblatt, Lars Haider

Redaktion Jens Meyer-Odewald
Projektverantwortung Jan H. Groß (Leitung), Elena Riebschläger, Olaf Schulz

Lektorat Andrea Wolf
Verlagsgeschäftsführung Jan Bayer, Frank Mahlberg

Gestaltung formlabor, Hamburg
Fotoredaktion Stephan Wallocha
Umschlagfoto © by photothek.net / Thomas Imo
Bilder AP: 4, 129; Archiv der sozialen Demokratie/Darchinger: 5 o. l., 124 o. r., 124 u. r., 130 u., 134 o., 134 m., 136/137, 146, 170/171, 172, 176/177, 219; Archiv Helmut Schmidt: 12, 13 o., 13 u., 14, 15, 16/17, 18, 19, 20, 22/23, 24, 25 o., 25 l., 25 r., 29, 31, 34, 36, 38, 42, 43, 44, 45, 47, 48, 53 m., 53 u., 55, 56, 60, 61, 63, 68/69, 70 u., 71 o., 71 u., 73 o., 73 u., 77, 84, 86, 87, 88, 89 o., 89 u., 90, 91, 102, 117 o., 117 u., 122/123, 126, 142, 162, 195, 198/199, 203, 215; Bernd Lohse: 197 o., 197 u.; Brauer Photos/Abi Schmidt: 173 ; Breuel Bild/McMatzen: 30; Bundesbildstelle: 152/153; ddp: 130 o.; Denkmalschutzamt Hamburg/ Bildarchiv: 50/51, 74/75, 82/83; Erwin Möller: 158; Focus/Werner Bartsch: 166/167; Getty Images: 134 u., 139, 149, 223; Hamburger Fotoarchiv: 10/11; Hamburger Schulmuseum: 70 o., 72, 73 o.r.; Imago: 28, 119, 144/145, 182 r., 186 u.; Interfoto: 94/95; Patrick Lux: 128, 178 o.; picture-alliance/dpa: 5 u. r., 53 o., 99, 100, 101, 106, 143 u., 151, 159, 169, 178 u., 222; Sven Simon: 118 o., 118 m., 118 u., 217; Staatsarchiv Hamburg Plankammer 720-1/Conti-Press: 5 u. l., 96/97, 98, 104/105, 109 o., 110 u., 114/115, 116, 124 l., 135, 140/141, 156, 157, 188 o., 188 u. l., 189, 202; Staats- und Universitätsbibliothek Hamburg: 111, 112; Vera Tammen: 175; Ullstein: 5 o. r., 8/9, 26, 39, 40/41, 54, 62, 65, 66, 67, 76, 78, 80, 81, 108, 109 m., 109 u., 110 o., 120/121, 127, 131, 132, 138, 143 o., 143 r., 154, 160/161, 164, 165, 174, 180/181, 182 o.l., 182 u., 183 o., 183 u., 184/185, 186 o., 187, 188 u. r.; Vintage-Germany: 32/33, 59; Stephan Wallocha: 27, 92, 93, 103, 155, 190/191, 193, 194, 196, 200, 201, 204/205, 207 o., 207 m., 207 u., 208, 209, 210/211, 212, 213; Michael Zapf: 133, 163, 179, 192, 220/221

Gesamtherstellung MedienSchiff Bruno, Hamburg
Printed in Germany

ISBN 978-3-939716-98-3